파시즘

FASCISM: A Very Short Introduction, Second Edition

Second edition was originally published in English in 2014.
Korean translation rights arranged with Oxford University Press
through EYA.

첫단추 시리즈

파시즘

케빈 패스모어 지음
이지원 옮김

교유서가

파시즘은 수수께끼 같은 얼굴을 하고 있다. 그 안에서 우리는 절묘한 힘의 균형을 본다. 파시즘은 권위주의를 주장하는 한편 반역을 조직한다. 오늘날의 민주주의에 맞서 싸우면서도, 과거 지배 체제의 복권을 옹호하지 않는다. 강국의 주조자(鑄造者)를 자처하는 듯하나, 그 수단이 도리어 국가 와해를 촉진하므로, 파괴적 당파나 비밀 결사에 견줄 만하다. 어느 방향에서 바라보건, 파시즘은 어떤 것이면서 동시에 그와 반대되는 것이며, A이면서 동시에 A가 아니다….

—호세 오르테가 이 가세트(José Ortega y Gasset),
「파시즘에 대하여Sobre el Fascismo」(1927)

제2판 서문

이 책의 초판이 발간된 2002년 이후, 두 가지 방법론적 전환이 파시즘의 연구 동향을 변화시켰다. 당시의 목표는 파시즘의 주요 특징들을 압축적으로 보여주는 정확한 정의(혹은 '모델'이나 '유형 분류 체계')를 도출하는 것이었다. 일반적으로 파시즘은 동일한 '실체'의 국가별 변이형으로 여겨졌고, 정확한 정의는 그러한 파시즘 운동들을 제대로 식별하게 해주리라고 기대되었다. 이제, 학자들은 파시즘에 대한 어느 하나의 정의에 합의하는 것이 가능하더라도, 그 정의가 얼마나 유용할지에 대해 회의적이다. 그보다는, 과거 사람들이 파시즘이라는 용어를 실제로 어떻게, 왜, 그리고 어떤 목적으로 사용했는지 살펴볼 것을 권한다. 또한, 학자들은 경제적·사상적·인적 이동이 지극히 원활한 세계를 국가 단위의 사례들로 구분할 수 있는지에 대해서도 회의적이다. 파시즘은 이제 '횡국가적(transnational)' 현상으로 연구되고 있으며, 여기서 유효한 질문은 활동가들이 파시즘이라는 용어를 어떤 방식으로 국경을 가로질러 전파했는가이다.

이 책의 초판에 이미 정의의 한계에 대한 나의 부분적인 인식이 드러나 있다. 그러나 그러한 문제 제기는 결국 나 나름의 정의를 도출하기 위함이었다. 따라서 제2판의 장(章) 구성과 일부 내용은 초판 그대로 유지되었지만, 논지와 꽤 많은 내용이 완전히 바뀌었다.

초판과 마찬가지로 이번 제2판 역시 광범위한 학자들의 성과를 종합하고 있으며, 내가 그들에게 진 빚을 온전히 설명하기란 불가능하다. 내가 초판에서 특별히 감사를 표한 몇몇 학자 중에서 마이클 벌리(Michael Burleigh)와 볼프강 비퍼만(Wolfgang Wippermann)의 저작은 제2판에서도 매우 큰 도움을 주었다. 무엇보다도 이번 제2판에는 프랑스 정치학자 미셸 도브리(Michel Dobry)의 견해들이 인장처럼 새겨져 있다. 학자들이 개념과 범주를 이해하고 사용하는 방식이 변화한 데는 그의 공이 지대하다.

휴 콤스턴(Hugh Compston)과 이른 아침 커피를 마시며 나눈 논의들은 내 생각을 다듬어주었다. 전체 원고를 읽어준 가

신 워커(Garthine Walker), 예리한 지적을 해준 익명의 독자들, 그리고 늘 나를 격려해주는 편집자 에마 마(Emma Ma)에게 감사를 전한다.

차례

일러두기

본문 중의 〔 〕는 모두 옮긴이 주(註)이며, 원문 인용에서 저자가 덧붙인 설명은 〔 〕로 표시하고 '저자주'라고 밝혔다.

제 1 장

'A이면서 A가 아닌': 파시즘이란 무엇인가?

1919년 3월 23일

모임은 밀라노의 산세폴크로 광장이 내려다보이는 한 회의실에서 열렸고, 참석자는 남자 몇십 명과 여자 약간 명이 전부였다. 그때까지만 해도 산세폴크로 광장에 대해 언급할 만한 것이라고는 거기 서 있는 11세기 교회 건물이 전부였다. 베니토 무솔리니(Benito Mussolini)는 그가 소집한 참석자들과 함께 파시 디 콤바티멘토(Fasci di Combattimento, 전사단)를 발족했다. 이들을 비롯해 당시 여러 소규모 참전 용사 단체들이 '파시(fasci)'라는 명칭을 사용했다. 이들은 이데올로기나 이론적 정의(definition)를 정초하는 일에는 관심이 없었다.

무솔리니는 35세였고, 한때 사회주의자로 활동한 전력이 있는 1차세계대전 참전 용사였다. 그는 작은 마을에서 대장장이의 아들로 태어났지만, 얼마 전부터는 콧수염을 밀고 깃 달린 셔츠를 입어 조금 더 고급스러운 이미지를 갖췄다. 그러나 무솔리니의 가시적인 수입원은 당시 고전중이던 『일 포폴로 디탈리아Il Popolo d'Italia(이탈리아 국민)』라는 신문이 전부였다. 그는 이 신문의 편집을 맡고 있었는데, 그것만으로는 아내와 세 아이, 정부(情婦)를 건사하고 펜싱, 결투, 빠른 차에 대한 취미를 유지하기에 부족했다. 이미 직업 정치인이던 그는 정계의 화려한 생활에 눈뜨고 있었다.

이는 정치적 입지가 아직 미약했던 1919년 당시의 무솔리니에게는 애석한 노릇이었다. 그는 본래 사회당(Socialist Party) 출신이었는데, 당이 이탈리아의 1차세계대전 참전을 반대하자 탈당하여 (혁명적 노동조합주의자인) 생디칼리스트(syndicalist), 내셔널리스트, 그리고 (오늘날의 기준으로는 보수주의자들이며 당시 연정을 주도했던) 자유주의자(Liberals) 진영의 일파와 함께 참전 운동을 벌였다. 이들 소위 참전파(Interventionists) 진영은 전쟁 문제를 제외하고는 공통점이 거의 없었다. 어떤 이들은 참전을 통해 혁명(어떤 성격의 혁명이 될지는 불분명했지만)을 앞당기고자 했고, 다른 이들은 전쟁이 부르주아 계급을 재건하거나 정부에 대한 대중의 지지를 결집해줄 것으로 기대했다. 개중에는 단순히 의회에서 경쟁자를 앞지르고 싶은 이들도 있었다. 언론인 무솔리니는 전시 정부에 유용한 존재였다. 그의 애국적 논조가 노동자 계층에 영향을 끼치는 것으로 보였기 때문이다. 무솔리니는 사회주의자들로부터 내쳐진 형편이었지만 전쟁이 끝난 뒤에도 여전히 관계 회복에 대한 희망을 버리지 않았다. 그는 혁명을 주창했기 때문에 우파와도 소원해졌고, 시인 가브리엘레 단눈치오(Gabriele d'Annunzio)와 같은 더욱 명망 높은 참전파 지도자들과도 경쟁해야 했다. 무솔리니 일파로서는 전시의 정서를 고착화하고 참전 용사의 지위를 활용할 이유가 명백했다.

'파스케스(fasces)'는 그들에게 절실했던 광범위한 호소력을 지닌 단어였다〔이탈리아어 파시fasci는 라틴어 파스케스fasces에서 온 말이다〕. 사전적으로 이 말은, 더러 도낏자루로 쓰인, 단단히 묶은 나뭇가지 다발을 의미했다. 이 단어를 정치적 목적으로 처음 사용한 이들은 1890년대 시칠리아의 농민 사회주의자들이었다. 그래서 이 단어는 대중적 급진주의를 연상시켰는데, 덕분에 참전파 중에서 한때 좌익이었던 이들의 마음을 파고들었다. 동시에 이 단어는 자유주의자와 내셔널리스트에게도 호감을 샀는데, 그것은 고대 로마에서 파스케스가 권위를 상징했기 때문이다. 1919년경 '파시'라는 명칭은 참전파가 독점적으로 사용하고 있었다.

무솔리니는 그날 산세폴크로 광장 연설에서 파시즘의 정강을 제시하지 않았다. 그는 단지 내셔널리즘 성향의 한 노동조합의 정강에 지지를 표명했을 뿐이며, 그 세부적인 사항에 대해서는 언급하지 않았다. 어쨌거나 그날의 회합 장소는 지역 고용주 협회에서 대여한 회의실이 아니었던가. 훗날 '1919년 선언(1919 Programme)'으로 알려진 일련의 정책들은 그로부터 몇 주 후에 작성된 것이었다. 내셔널리즘을 기본 바탕으로 하고 공화주의, 반(反)교권주의, 여성 선거권, 사회 개혁 등을 포함하는 내용이었는데, 파시스트들은 머지않아 이들 중 대부분을 폐기 처분했다. 그들은 정치적인 도그마나 이데올로기를 거부했다.

파시즘은 2년 만에 대중적 운동으로 성장했지만, 파시즘의 의미는 여전히 모호했다. 파시스트들은 준군사(paramilitary)조직을 이용하여 사회주의 및 가톨릭교 집단과 슬라브계 소수민족을 공격했으며, 자본주의를 규탄했다. 무솔리니는 부패한 로마 정치계에 맹공을 퍼부었지만, 기성 정치 세력과의 거래에 합의했다. 덕분에 그는 1922년 10월 22일 파시스트들과 자유주의자들로 구성된 연정의 총리로 취임했다.

무솔리니는 1926년부터 본격적인 독재 체제 구축에 돌입했다. 그가 정강을 제시하고, 조반니 젠틸레(Giovanni Gentile)와 같은 지식인들이 파시즘 사상을 조직화했다. 정권은 실제적인 정책 시행을 담당했다. 파시즘에 이데올로기가 결여된 것은 결코 아니었으나, 그 성격은 늘 불분명했다. 시간이 흐르면서 정권의 태도도 변했고, 활동가들은 여성과 노동조합의 사회적 역할, 당과 정부의 관계, 내셔널리즘 문학의 성격 등 다양한 주제를 두고 의견이 엇갈렸다.

개념의 모호성에도 불구하고, 파시즘은 나라 밖에서 박수갈채를 얻는 데 성공했다. 파시즘은 20세기의 강력한 정치 운동 중 하나로 부상했고, 1930년 무렵부터는 많은 이들이 파시즘과 반파시즘 간의 투쟁을 국내외 정치의 주요 쟁점으로 여기게 되었다. 영향력 확대를 꾀한 무솔리니 정권의 노력에 힘입어, 이미 1925년에 복수의 국가에서 적어도 45개 집단이 '파시스트'를 자칭했다. 그러나 이들은 단순한 모방을 넘어섰다. 이들의 파시즘은 본국 이탈리아에서만큼이나 복합적인 성격을 띠었다. 이들은 이탈리아 파시즘의 여러 양상 중에서 일부는 강조하고 다른 부분들은 무시하거나 곡해했다. 또한 이탈리아적 요소를 다른 외래의 영향 및 자신들의 고유한 전통과 혼합했다. 우리가 보기에 파시즘과 흡사한 일부 운동들은 그렇게 불리기를 거부했다.

독일에서 일어난 나치즘의 약진은 상황을 더욱 복잡하게 만들었다. 히틀러는 본래 이탈리아 파시즘의 열렬한 지지자였고, 나치즘의 옹호자들이나 반대자들도 종종 나치즘을 '파시즘적'이라 일컬었다. 그러나 나치즘은 이탈리아 파시즘만큼이나 정의 내리기가 까다로웠다. 그리고 나치즘에는, 이탈리아 파시즘에서는 그다지 두드러지지 않았던 (예를 들어 극단적인 반유대주의와 같은) 요소들이 포함되어 있었다. 히틀러의 성공으로 인해 무솔리니의 국제적 명성은 다소 빛을 잃었다. 이탈리아 파시즘은 나치즘으로부터 일부 요소를 차용하기 시작했고, 국외의 파시스트 운동들은 나치즘 쪽으로 기울어지면서 반유대주의나 '국가사회주의'를 강조하게 되었다.

파시즘은 1945년 이후 실각하나, 그 유산은 계속해서 정치 지형에 구조적인 영향을 끼쳤다. 러시아와 영국, 북미의 정부들은 파시즘 타도에 기여한 역할로부터 그들의 정당성을 끌어냈고, 프랑스, 이탈리아, 독일 정부는 레지스탕스 운동의 후계임을 주장했다. '파시즘'은 일종의 욕설이 되었다. 파시즘을 모방한 이들이 유의미한 정치 세력이 되는 일은 당연히 드물었다. 1990년대에 등장한 몇몇 운동들은 현대판 파시즘이라는 비판을 받고 있으나, 당사자들은 거의 늘 혐의를 부인한다.

파시즘의 정의와 관련 이론

파시즘은 스킨헤드에게도, 지식인에게도 호소력을 가진다. 혁명을 부르짖지만 보수주의자들과도 손을 잡는다. 마초 스타일을 구사하지만 많은 여성의 호감을 산다. 전통으로의 회귀를 주장하는 한편 과학기술에 환호한다. 국민을 이상화하면서도 대중사회를 경멸한다. 폭력과 질서를 동시에 옹호한다. 이러한 이데올로기를 우리는 어떻게 이해해야 할까? 오르테가 이 가세트가 말한 대로, 파시즘은 언제나 'A이면서 A가 아니다'.

이러한 문제를 타개하기 위한 통상적인 방법은 정확한 정의(혹은 '모델'이나 '유형 분류 체계')를 도출하는 것이다. 이때 정확한 정의란, 파시즘의 가장 중요한 특징들을 압축한 것으로서, 스스로 파시즘이라는 명칭을 사용하는지 여부에 관계없이 어떤 운동이 파시즘적인지 아닌지를 판별해줄 수 있어야 한다. 파시즘의 특징을 열거하는 작업은 일견 간단해 보인다(표 1).

A열에는 파시즘의 학문적 정의에 자주 등장하는 용어들이 열거되어 있다. 파시스트 자신들도 인정했음직한 특징들이고, 언뜻 보기에는 논란의 여지가 없다. 만약 오늘날 누가 이들 중 서너 항목을 지지한다면, 우리는 그 사람에 대해 '파시스트적 성향'을 드러낸다고 말할 수 있을 법하다. 그러나 자세히 살펴보면 문제들이 드러난다. 어떤 운동을 파시즘적이라고 판단할 수 있으려면 이들 특징 모두를 나타내야만 할까, 아니면 일부만으로 충분할까? 만약 후자라면 그 '일부'는 어떤 것들일까?

제시된 각각의 특징들 역시 문제가 있다. 예를 들어, 자신을 파시스트라 부른 사람들은 진정한 의미에서 내셔널리스트가

〈표 1〉

A	B
극단적 내셔널리즘(ultranationalism)	초월*에 대한 거부 (에른스트 놀테Ernst Nolte)
카리스마 있는 지도자	독점 자본주의의 가장 반동적인 분파에 의한 독재 (코민테른Communist International)
독재	외적인 양태는 다양하나, 그 핵심에는 재탄생(palingenetic) 신화에 바탕을 둔 대중주의적(populist)이고 극단적인 내셔널리즘이 자리한 정치 이데올로기 (로저 그리핀Roger Griffin)
인종주의	정치 종교 (에밀리오 젠틸레Emilio Gentile)
반유대주의	
유일 정당	
준군사조직	
실제적 폭력이나 폭력의 위협	
코포라티즘(corporatism)**	
전체주의 이데올로기	
반자본주의	
반사회주의, 반공산주의	
반자유주의	
반의회주의	
반입헌주의	

* 인간이 과학기술의 발달이나 정치적·사회적 진보를 통해 전통사회의 물리적·정신적 한계를 뛰어넘어 근대사회로 이행하는 것—옮긴이.

** 노동자, 고용주, 이익집단 등 경제활동과 관련된 주요 단체(corporation)들의 협의로 사회·경제 정책이 결정되는 체제—옮긴이.

아니었다. 그들은 국가 구성원 중 많은 이들을 추방하거나, 투옥하거나, 죽이고자 했다. 무솔리니는 종종 국제적인 '보편 파시즘(universal fascism)'을 언급했고, 나치 점령 지역의 부역자들은 독일이 지배하는 '신질서(New Order)' 체제의 일원으로 편입되기를 고대했다. 알자스 지방의 나치 동조자들은 내셔널리즘보다는 지역주의(regionalism)를 지지했다. 파시스트라면 당연히 독재와 일당지배(one-party rule)를 원했을 것으로 여기기 쉽지만, 무솔리니와 히틀러 체제에서 정부와 당 사이에는 상당한 마찰이 있었고, 이탈리아의 일부 생디칼리슴 운동가들은 작은 정부를 바랐다. 파시스트들이 무엇인가에 (이를테면 코포라티즘 같은 것에) 동의를 할 때라도, 그에 수반되는 구체적인 내용에 대해서는 생각이 제각각이었다. 그리고 이탈리아 파시즘과 나치즘은 반유대주의에 대해 명백히 다른 태도를 보였다.

이러한 문제점들 때문에 어떤 이들은 파시즘을 더 잘 정의하려면 파시즘이 무엇에 반대했는지에 초점을 맞추어야 한다고 주장한다. 그러나 파시스트들이 (예를 들어) 공산주의에 반대했어도 모두 같은 이유로 그랬던 것은 아니다. 더군다나 그들은 공산주의로부터 교훈을 얻고 공산주의의 방법을 활용하려는 노력도 동시에 기울였다. 파시즘의 올바른 정의는 단순히 특징을 나열하는 데 그쳐서는 안 된다고 주장하는 이들도 있다. 그들은 파시즘의 어떤 측면들은 다른 측면들보다 더욱 본질적이어서 파시즘의 원인과 동력을 설명해준다고 조언한다. 바로 이 지점에서 등장하는 정의들이 〈표 1〉의 B열에 열거되어 있다. 이 정의들은 학자들의 정의이고, 파시스트들은 실제로 사용하지 않았을 수도, 어쩌면 불쾌해하며 거부했을 수도 있다. 이들 정의의 의미를 검토하기에 앞서, 우선 이 점을 기억해두기 바란다. 파시즘의 정의는 파시즘을 연구하는 학자들의 수만큼이나 많고, 그중에서 어떤 정의가 옳은지에 대해서도 합의된 바가 없다. 정의에 입각한 접근법은 내재적인 결함을 지니고 있다는 것이 나의 생각이다.

이 장의 나머지 부분에서 나는 학자들이 파시즘을 정의하는 주요한 방식 몇 가지를 살펴볼 것이다. 파시즘의 정의에 대해서는 무수히 많은 접근법이 있으므로, 단순화가 필요하다. 그래서 나는 파시즘의 근본이 보수성에 있다고 보는지, 아니면 급진성에 있다고 보는지에 따라서 이론들을 범주화했다. 이렇게 하면 파시즘 당대에 존재했던 갈등의 구조가 오늘날의 파시즘 논쟁에도 그대로 이어져 내려오고 있음이 드러난다. 양차 대전 사이의 전간기(interwar years) 동안, 좌파는 자신을 반동적인 파시즘 및 그와 결탁한 보수 세력에 맞선 진보적인 '반파시즘' 투사로 인식했다. 반면, 온건한 우파와 중도 세력은, 갈등은 사실 민주주의자들과 혁명적이자 전체주의적인 좌우의 극단주의자들 사이에 있다고 주장했다. 학자들이 이러한 대결 구도를 연장할 때 생기는 문제는, 그들의 정치적 이해관계로 인해 파시즘의 개념이 경직된다는 사실이다. 실제적인 쓰임에서 파시즘의 개념은 모호하고 이견의 여지가 많았는데도 말이다. 그러한 경직성은 학자들이 자신의 정의가 정답이라고 착각하게 만들 위험이 있다. 그러나 앞으로 우리는 여러 이론이 저마다 파시즘에 대하여 무언가를 말해주지만, 그 어떤 이론도 파시즘을 이해하는 유일한 방법이 아님을 확인하게 될 것이다. 사실상 각각의 정의는 임의의 기준에 따라 파시즘의 어떤 측면은 주요한 것으로, 다른 측면은 부수적인 것으로 규정한다. 이 장의 결론부에서 나는 대안적인 접근법을 제시할 것이다.

마르크스주의 접근법

가장 단순하게 표현하자면, 마르크스주의는 근대사회가 두 개의 기본 계급으로 나뉜다고 전제한다. 부르주아지, 즉 자본가 계급은 (기계나 공장 등) 생산 수단을 소유하며, 프롤레타리아, 즉 노동자 계급은 생산 수단이 없으므로 노동을 제공하고 임금을 얻는다. 부르주아지와 프롤레타리아는 생산 수단에 대한 소유권과 국가에 대한 지배력을 두고 투쟁하는 관계다. 이

두 거대 계급 사이에 프티부르주아지가 있는데, 이 계급에는 자영 상인, 소규모 사업자, 농민, 사무직 노동자가 포함된다. 프티부르주아지가 자본가와 노동자 중 어느 편에 설지는 분명치 않다. 그들은 생산에 기여하는 재산을 소유하지만, 여전히 대자본에 착취당하기 때문이다.

파시즘에 대한 마르크스주의 접근법은 모두 파시즘과 자본주의 및 프티부르주아지 사이의 결속을 강조한다. 영향력 있는 최초의 정의는 1935년 코민테른에서 나온 것으로, 내용은 다음과 같다. "권력을 장악한 파시즘은, 금융 자본주의의 가장 반동적이고 가장 쇼비니즘적이며 가장 제국주의적인 분파에 의한, 노골적이고 폭력적인 독재 체제다." 코민테른에 따르면, 프롤레타리아의 혁명적 정서가 강화됨에 따라 자본가들은 그들의 재산을 보호하기 위해 폭력을 사용하게 되었다. 그러나 자본주의의 위기가 너무도 심각해서 통상적인 독재 체제로는 효과적인 대응이 불가능해지자, 자본가들이 사회주의를 붕괴시키기 위해 파시스트 운동을 이용했다는 것이다. 코민테른은 대중 운동인 파시스트 운동이 프티부르주아지를 포섭했다고 보았다. 프티부르주아지는 대자본에 대해 불만이 컸지만, 사회주의로부터 재산을 보호하는 것이 그들에게도 유리하다는 파시스트들의 설득을 받아들였다. 일단 파시즘이 권력을 장악하고 노동 운동이 와해하자, 자본가들은 더는 프티부르주아지에 기반을 둔 파시스트 정당이 필요치 않게 되었고, 이후 파시즘은 진압되거나 주변화했다.

마르크스주의자들이 만장일치로 코민테른의 정의를 지지한 것은 아니다. 첫째, 1960년대와 1970년대의 일부 마르크스주의자들은 프티부르주아지가 코민테른이 상정했던 것 이상으로 독립적인 역할을 수행했고, 어느 정도는 자본가 집단에 대항했다고 보았다. 둘째, 보다 최근에는 일부 역사학자들이 '통치성'이라는 개념을 수용하기 시작했다. 통치성은 프랑스의 위대한 철학자이자 역사가인 미셸 푸코(Michel Foucault)가 발달시킨 개념으로, 학교와 직장, 병원, 복지 체계, 법원 등에서 목격되는 '지배의 기술(techniques of rule)'을 통해 근대 정부가 어떻게 그들이 원하는 종류의 시민을 양성해내는지를 포착한다. 20세기 초 정부의 그러한 기획들은 대체로 우생학적이었다. '인종'의 질적·양적 개량을 목적으로 나약한 개체의 격리와 제거, 그리고 제국주의적 영토 확장이 추진되었다. 마르크스주의자(혹은 과거의 마르크스주의자)들은, 그러한 정책들을 통해 고분고분하고 효율적인 노동자와 미래의 노동자를 생산해낼 어머니들이 확보되었음을 강조했고, 그렇게 함으로써 새로운 연구 성과를 끌어다 쓰면서도 자신들 주장의 핵심을 보존할 수 있었다.

마르크스주의 접근법의 강점은 파시즘을 20세기 초 사회적 투쟁의 상황과 연결짓는다는 점, 그리고 파시즘을 단지 추상적 개념으로가 아니라 사회적 작용으로 이해한다는 점이다. 그러한 접근법을 통해 우리는 파시즘과 자본주의의 관계를 이해하고, 파시스트들의 혁명적인 언술이 실제로는 더욱 보수적인 무언가를 의미하기도 했음을 알 수 있다. 또한 마르크스주의자들은 포(Po) 계곡의 농부들이나 라인란트의 장인들을 포함한 여러 사회적 집단을 파시즘으로 이끌었던 다양한 경제적 동기들을 보여준다.

파시스트들의 좌파 분쇄가 많은 자본가를 기쁘게 했다는 마르크스주의자들의 지적은 옳다. 그러나 파시즘이 자본의 이익에 복무했다는 주장은 그 자체로 많은 것을 말해주지 않는다. 왜냐하면, 자본주의는 그 힘이 너무나 강력해서 (그것을 완전히 소멸시키는 정권이 아닌 한) 어떠한 정권하에서도 번영할 수 있기 때문이다. 또한, 자본주의와 시장이, 이를테면 가정과 소비, 스포츠를 포함한 근대사회의 모든 측면을 좌우한다는 사실을 부인하기는 어렵지만, 이와 마찬가지로, 가정과 소비, 스포츠 따위가, 자본가들이 자신의 이익을 이해하는 방식에 영향을 끼치기도 한다는 것 역시 명백한 사실이다. 실제로 자본가들 사이에서는 자신의 이익이 무엇인지에 대해 의견이 상충되는 경우가 많았다. 따라서 우리는 왜 어떤 자본가들은 파시즘이 자신의 이익에 부합한다고 믿었고, 다른 이들은 그렇게 생각하지 않았는지를 설명해야 한다.

또한 자본주의의 힘이 강력하다고는 하나, 그렇다고 해서 자본주의가 곧 파시즘에 대한 '궁극적인' 설명이 되는 것은 아니다. 그렇게 되도록 만들려다보니, 마르크스주의자들은 파시즘의 다른 많은 특징을 부수적인 것으로 격하할 수밖에 없다. 예컨대 그들은 파시즘의 급진적 측면을 과소평가한다. 마르크스주의자들에게는 오직 사회주의만이 진정한 의미의 급진주의다. 그래서 그들은 기성의 행정 엘리트 및 주류 정치인들에 대한 파시스트 운동의 급진적 대항을 '수사적'인 것으로 치부한다. 결과적으로 그들은 그러한 대항의 효과를 바로 보지 못하며, 또한 당의 다른 목표와 상충될 경우 재계의 요구가 간단히 무시되었다는 사실을 적절히 설명해내지 못한다.

파시즘이 자본주의에 복무했음을 증명해야 할 필요성 때문에, 마르크스주의자들은 영토 확장과 인종주의 역시 파시즘의 부수적인 특징으로 간주한다. 일부 마르크스주의자들이 보기에 파시즘의 영토 확장과 인종주의는, 프티부르주아지가 자신들의 문제에 대해 자본 계급이 아닌 소수 민족을 탓하도록 유도하기 위한 파시스트들의 교활한 술책이거나, 혹은 그저 기술적으로 가장 발달한 단계에 이른 자본주의의 범죄상(말하자면 고도화된 형태의 하일랜드 강제 퇴거Highland Clearance 사건)이다. 파시스트들이 노동자들의 계급 의식을 약화하기 위해 인종주의를 이용했다는 주장은 타당해 보이지만, 그렇다 하더라도, 예컨대 독일에서 정신질환자들을 살해한 것이나 남(南)티롤 지방 주민에게 이탈리아계 성씨를 강요한 것마저도 자본가를 보호하려는 조치였다고 보기에는 무리가 따른다. 아마도 파시스트들은 (마르크스주의자들이 말하는) 자본주의의 논리와 무관한 이유로 영토 확장과 인종주의를 추구했을 것이다.

베버주의 접근법

다음으로 살펴볼 이론은 흔히 '베버주의' 접근법으로 알려졌으나, 막스 베버(Max Weber, 1864~1920)의 다면적인 사회학에 직접적인 연원을 두고 있지는 않으며, 파시즘에 대한 베버주의적 해석과 마르크스주의적 해석 사이에는 공통점이 존재한다. 그렇지만 관례에 따라 나는 여기서 '베버주의'라는 용어를 사용하겠다.

마르크스주의자들이 파시즘의 책임을 자본가에게 돌린 반면, 베버주의자들은 산업혁명 이전의 봉건적 지배계급, 이를테면 독일 동부와 이탈리아 포 계곡 일대의 대지주, 에스파냐 남부의 대규모 농장주(Latifundist), 일본의 무사 등을 지목했다. 베버주의자들은 독일이나 이탈리아, 에스파냐, 일본과 같이 진정한 부르주아 혁명과 자유민주주의 혁명을 경험해보지 못한 나라에서는, 기존의 보수 엘리트 세력이 사회에서 지나치게 큰 영향력을 행사했다고 설명한다. 이들 '전통적 엘리트'는 교육과 징병제도를 통해 그들의 반동적 가치를 전파했고, 자신의 지위를 유지하기 위해 점점 더 절박한 수단에 의지했다. 19세기 말부터, 그들은 자유민주주의와 사회주의를 무력화할 목적으로 대중적 내셔널리즘 운동을 후원하기 시작했다. 독일과 이탈리아의 엘리트 세력이 나라를 1차세계대전으로 몰아간 것도, 애국적 열기를 기회 삼아 국내에 있는 그들의 적을 제압하겠다는 심산에서였다. 이 계획이 실패하자, 그들은 최후의 자구책으로 파시즘을 동원했다. 파시즘은 기본적으로 산업혁명 이전의 엘리트 세력과 프티부르주아지, 그리고 농민의 결속에 기반을 둔 반(反)근대 운동이었다. 프티부르주아지와 농민도 기존 엘리트 세력 못지않게 '근대화'로부터 위협을 느꼈기 때문에, 그들의 전통주의 선전 활동에 마음을 열었다.

베버주의자들은 사회적 변화가 유달리 급격하게 진행될 때, 즉 '근대화'나 전쟁, 혹은 경제적 위기로 인해 전통적 방식이 무너질 때 대중이 파시즘에 취약해진다고 주장한다. 익숙한 삶의 방식이 와해되면서, 전통에 믿음을 둔 사람들은 (기술적으로 '아노미anomie' 상태라 일컫는) 혼돈에 빠지며, 잃어버린 확실성을 되찾아주겠노라 약속하는 파시스트들에게 의지한다. 근대화의 희생자들에게, 파시즘은 그들이 처한 상황에 대한 완전한 설명을 제시한다. 변화의 원인을 분석하고, (예를 들면 외국인이나 유대인과 같은) 책임 소재를 지목하며, 근대 이전의 (전체주의적) 유토피아를 복원하기 위한 청사진을 제시한다. 파시즘이 '초월에 대한 거부'라는 에른스트 놀테의 주장에는 기본적으로 이러한 생각들이 깔렸다(표 1).

베버주의 접근법은 자본가만큼이나 지주 귀족도 무솔리니와 히틀러의 집권에 직접적인 책임이 있었음을 보여준다는 강점이 있다. 그러나 파시즘이 '반근대적'이라는 주장은 설득력이 떨어진다. 파시즘에는 근대적이라고 여겨질 만한 많은 특성이 있었기 때문이다. 어떤 학자들은 파시즘이 전통적인 목적을 달성하기 위해 근대적인 수단을 이용했을 뿐이라며 베버주의 접근법을 옹호한다. 학자들은 번번이 무엇이 '근대적'인 것인가에 대해 논쟁을 벌이곤 하는데, 이는 누가 진짜 파시스트인가에 대한 논쟁만큼이나 비생산적이다.

베버주의 접근법의 또다른 난점은, 엘리트 계층이 나머지 사회 구성원들, 특히 프티부르주아지를 마음 내키는 대로 조종할 수 있다는 마르크스주의의 가정을 공유한다는 점이다. 마르크스주의와 마찬가지로, 베버주의 역시 파시즘의 급진적 특징을 제대로 설명하지 않는다. 마르크스주의에 비하면 베버주의는 파시스트의 이데올로기에 대해서도 주의를 기울인 편이지만, 베버주의자들이 보기에 사상이란, 온전함(wholeness)

또는 유토피아에 대한 미분화된(undifferentiated) 욕망의 표출에 지나지 않는다. 이런 측면에서 베버주의는 파시즘에 대한 다음 이론과 공통된 약점을 지닌다고 할 수 있다.

전체주의, 정치 종교, 통치성

'전체주의'는 이탈리아 대중을 '국민화(nationalize)'하려는 운동, 즉 대중을 이탈리아의 필요에 봉사하는 위계적이고, 동원화되고, 군사화된 공동체로 통합하려는 운동을 압축적으로 표현하기 위해 이탈리아 파시스트들이 고안한 말이었다. 학문적 개념으로서의 전체주의는 1950년대와 1960년대에 전성기를 누렸다. 당시 비(非)마르크스주의 계열의 사회과학자들이, 공산주의를 파시즘과 연결지어 비판할 목적으로 전체주의 개념을 사용했기 때문이다.

잘 알려진 바와 같이, 미국의 정치학자 프리드리히(C. J. Friedrich)는 전체주의를 다음과 같이 정의했다.

1. 한 사람이 이끄는 유일한 대중 정당: 체제의 핵심을 구성하며, 정부 관료 조직 위에 군림하거나 그것과 뒤얽혀 있다.
2. 경찰 및 비밀경찰에 의한 조직적 폭력: 체제에 반하는 실제 및 가상의 적을 겨냥한다.

3. 대중매체에 대한 독점적 통제

4. 경제에 대한 중앙 통제

5. 무기에 대한 유사 독점

6. 정교한 이데올로기: 인간 실존의 모든 측면을 포괄하며, 강력한 천년왕국의 도래(메시아의 출현 혹은 종교적 순간—저자주)를 이야기한다.

초기 연구자들은 1번에서 4번까지의 요소, 즉 지배 구조나 당과 정부의 관계에 관련된 내용에 집중했다. 5번은 총기 규제마저 전체주의적이라고 간주하는 사람들에게나 의미가 있을 내용으로, 무시해도 좋다. 6번은 중요하다. 급속한 변화와 위기를 경험한 사람들은 세상을 이해하는 새로운 방식을 갈망했고, 이때 파시즘이 나타나 유토피아 이데올로기에 따라 사회를 혁명적으로 재건하고자 했다는 것이 전체주의 이론가들의 설명이다. 유토피아 사상은 언제나 폭력을 부른다. 현실 세계의 사람들은 완벽과는 거리가 멀기 때문에, 유토피아에 걸맞은 사람이 되도록 강요당해야 한다.

1970년대에 들어서자 전체주의는 철 지난 개념이 되었다. 냉전이 누그러졌고, 연구자들은 나치와 이탈리아 파시스트 체제가 (그리고 공산주의 체제 역시) 전체주의의 '상명하달식' 통제와는 거리가 먼, 적잖이 혼란스러운 체제였음을 밝혀냈다.

그러나 1989년 공산주의의 붕괴는 전체주의 이론에 새로운 활기를 불어넣어주었다. 스탈린주의의 참상을 파시즘과 동일시하는 것이 다시 한번 유용해졌기 때문이다. 다른 한편으로는, 서구의 대학가에서 일어난 포스트모더니즘의 열풍이 전체주의 이데올로기에 대한 학자들의 관심을 되살리는 계기가 되었다. 일부 포스트모더니스트들은, 모든 것을 아우르는 포괄적 사상 체계는 그 기반이 종교건, 계급이건, 국가건, 인종이건 상관없이 본질적으로 억압적인 성격을 띠게 마련이라고 보는데, 이러한 견해가 파시즘에 대한 전체주의적 관점, 즉 파시즘이 절대적 원칙에 따라 하나의 이상 세계를 창조하려 한다는 견해와 잘 맞아떨어졌다. 파시즘 연구가 중에 포스트모더니즘을 받아들인 이들은 거의 없었지만, 그들도 마르크스주의나 베버주의에 입각한 사회 구조에 대한 천착으로부터 사상에 대한 탐구 쪽으로 방향을 선회하게 되었다.

초기 전체주의 이론에 가해진 비판에 대해 그 이론가들은 이렇게 답한다. 전체주의는 하나의 열망이며, 그 이상이 현실에서 실현된 적은 없다고 말이다. 따라서 파시스트 체제의 혼란이라는 현실은, 그것의 전체주의적인 포부와 충분히 양립 가능하다는 것이다. 어쨌거나 우리에게 익숙한 전체주의적 가정, 즉 급격한 변화로 인해 전통적 세계가 해체되고, 새로운 통합의 이데올로기에 대한 갈망이 생겨나고, 파시스트들이 그런 이데올로기를 제공한다는 가정은 유지된다. 마이클 벌리(Michael Burleigh)의 인상적인 비유에 따르면, 나치는 마치 철도교를 재건축하는 엔지니어들처럼 독일 사회를 재건하고자 했다. 열차의 통행을 유지해야 했기 때문에, 그들은 다리를 해체해버릴 수가 없었다. 대신, 승객들이 눈치채지 못하도록 다리를 각 부분별로 교체해나갔다.

포스트모더니즘의 영향을 받은 오늘날의 전체주의 이론에는 크게 세 가지 계열이 있다. 로저 그리핀(Roger Griffin)에 따르면, 파시즘은 '대중주의적인 극단적 내셔널리즘'의 한 형태로서 위기와 쇠퇴의 경험 후에 국가를 재건하는 것을 목표로 삼는다. 그는 '잿더미로부터 다시 태어남'을 의미하는 빅토리아 시대의 단어(palingenetic)를 사용하여 파시즘을 특징짓는다. 파시즘이 시도하는 국가적 부활은 일종의 혁명에 해당한다. 파괴된 전통을 대신해 근대 지향적인 유토피아 이데올로기를 장려하기 때문이다.

둘째 계열의 전체주의 이론은 첫째 것과 상보적인 관계에 있는 정치 종교 이론이다. 에밀리오 젠틸레(Emilio Gentile)는 파시즘의 통합적 이데올로기를 일종의 세속 종교로 설명한다. 그는 근대화 과정에서 전통적 종교가 파괴되었으나, 신앙의 대상을 갖고자 하는 대중의 열망은 꺼지지 않았다고 주장했다. 파시즘은 당과 국가, 지도자를 신격화함으로써 대중의 그러한 필요를 충족시킨다. 정치 종교로서 파시즘은 나름의 의례(rituals)와 정전(canonical texts), 대사제(high priests)를 갖추었으며, 자신의 가족이나 자본주의 따위가 아니라 오직 파시즘을 위해 살아가는 '새로운 파시스트 인간'의 창조를 목적으로 한다. 파시즘은 그러므로 혁명적이다.

셋째로, 전체주의적 접근법은 앞서 언급한 바 있는 '통치성'이라는 개념과도 결합했다. (통치성 개념 역시 다양한 포스트모더니즘 운동의 한 분파에서 비롯되었다.) 근대 정부가 개발한 지배 기술은 그야말로 편재적이어서, 가족, 사회, 신체적 차원에 걸쳐 인간 행동의 모든 측면에 영향력을 행사했다. 사람들은 경제적 성공과 교육, 건강 등을 원했기에 역설적이게도 자신을 억압하는 바로 그것들을 탐했고, 결국 자기 자신에 대한 억압의 공범이 되고 말았다. 이렇듯 적을 소멸하여 통치성을 강화한 측면을 파시즘에서 읽어내기란 어려운 일이 아니다.

전체주의적 접근법의 장점은 파시스트의 사상과 계획을 진지하게 다룬다는 것이다. 덕분에 이제는, 과거의 학자들이 그랬듯, 파시즘에 이데올로기가 결여되었다고 말하기 어려워졌다(비록 파시스트들의 이데올로기가 전체주의 이론가들이 인정하는 것 이상으로 모순적이기는 했지만 말이다). 또한 파시즘이 모종의 혁명적인 기획을 추진하기도 했다는 점, 종교적 근본주의와 유사성이 있었다는 점, 그리고 적들이 악마적 음모에 가담했다는 확신이 있었기에 목표 달성을 위해 폭력을 동원할 수 있었다는 점에도 동의가 가능해졌다. 푸코의 사상은 의사 등 전문가들과 학자들이 파시즘에서 수행한 기능과 관련하여 여러 연구를 촉진했다.

그러나 전체주의적 접근법에는 한 가지 중요한 문제점이 있다. 위 이론들은 모두 의례적으로 반복되는 사상 교육 및/또는 지배 기술을 통해 파시즘으로 통합된, 미분화되고(undifferentiated) 본질상 수동적인 대중을 가정한다. 사람들이 파시스트 운동에 가담한 이유에 대한 전체주의적 설명은 설득력이 부족하다. 그것은 아노미와 무언가를 믿고자 하는 대중의 갈망을 일반화할 뿐, 어째서 특정 집단이 다른 집단들에 비해서 더 적극적으로 파시즘에 동참했는지를 설명하지 못한다. 세계대전과 같은 대격변이 반드시 모든 이들에게 혼돈과 고립을 야기하라는 법은 없다. 오히려 애국 단체에 가입하는 사람들이 급증하기도 했고, 그것은 이탈리아에서 파시스트가 생겨난 배경이 되었다. 위기에 대한 사람들의 대처 방식은 다양했고, 교육 수준, 사회적 지위, 종교, 나이, 성별 등이 그 변수로 작용했다. 파시즘의 기원은 특정 집단의 특정한 상황 속에서 찾아내야 한다. 메시아사상을 신봉하는 자들이 권력을 장악했다면, 우리는 어째서 그런 일이 일어났으며, 파시즘이 종교라는 그들이 주장이(그렇게 주장했다면) 무엇을 의미했는지를 물어야 한다.

전체주의 이론의 또다른 문제는 파시즘의 혁명적 측면을 과장한다는 것이다. 마치 파시즘의 보수성에 대한 마르크스주의자들의 과장을 거울로 비추어 보는 것과 같다. 전체주의 이론에 따르면, 전체주의 권력은 〔가족, 교회, 노동조합 등〕 모든 대안적 연대(solidarities)를 파괴하여 새로운 사회를 창조하고자 한다. 그러나 그 꿈의 실행은커녕, 밑그림을 그리는 것부터가 사실상 불가능하다. 왜냐하면 거기에는 불가능한 수준의 객관성이 요구되기 때문이다. 파시스트 지도자들은 근본적인 문제들에서 의견이 엇갈렸다. 게다가 유토피아에 대한 그들의 비전과 그것을 방해하는 걸림돌들에 대한 그들의 인식 자체가 편견과 무의식적 가정의 산물이었다. 결과적으로는, 그들이 상정한 동원국가 체제에서 대기업과 가족은 (일정한 한계 내에서) 설 자리가 있었고, 공산주의와 페미니즘은 그렇지 못했다.

전체주의는 유용한 개념이지만, 다음을 유념하는 한에서만 그러하다. 첫째, 전체주의에는 일정한 세계관을 강제하려는 충동이 있는데, 그 세계관은 통념에 의해 형성된다. 둘째, 파시스트들은 그러한 전체주의적 기획을 저마다 다른 방식으로 해석했다. 그러므로 파시스트의 유토피아가 현실사회와 완전히 다른 무엇이 될 수는 없었다. 사실 파시즘이 많은 사람을 매혹할 수 있었던 이유가 바로 거기에 있었다.

벌리의 다리 비유는 파시즘에 대해 보통 사람들이 가졌던 기대를 시사한다는 점에서 유용하다. 그들은 파시즘이 나라를 보수하는 동안 자신들은 계속해서 일상의 삶을 이어갈 수 있으리라고 믿었다. 그 비유가 부적절한 지점은 이러하다. 우선 파시스트들은 대폭 수정된 설계도를 가지고 다리를 재건하려 했다. 또한 엔지니어들은 그 다리가 어떤 종류여야 할지뿐만 아니라 다리의 시작과 끝을 어디에 두어야 할지에 대해서도 논쟁을 벌였다. 그들의 프로젝트는 막대한 자원을 소모했고, 다리를 기초까지 흔들어댔고, 다리 위를 지나는 기차들을 탈선의 위험으로 내몰았다. 그런데도 많은 승객은 흔쾌히 협조의 손길을 내밀었으며 엔지니어들을 칭송했다. 또한, 승객들과 엔지니어들은 일부 승객이 비밀리에 다리의 폭파를 모의 중이라는 데 의견을 같이했다. 달리는 기차를 떠받친 다리는 점점 더 휘청거렸고, 폭력배들이 요금을 지불하고 합법적으로 승차한 사람들을 다리 아래 협곡으로 내던지기 시작했다. 동료 승객들은 반쯤 시선을 돌린 채, 그 살인자들이 걸친 제복이 일반 보안 요원들의 제복과 같은 종류인지를 생각했다.

혁명과 반동의 조합

이 책의 초판에서 내가 제시한 파시즘의 정의는 그릇된 가정에서 출발했다. 그것은 마르크스주의와 베버주의, 전체주의 이론의 장점들을 종합하면 파시즘에 대한 더 나은 정의에 이르리라는 가정이었다. 그 정의에서, 나는 파시즘의 사상과 사회적 맥락, 그리고 혁명적 포부와 반동적 동기 모두를 균형 있게 강조했다.

나는 파시즘의 모순적 성격이 그 기원에서 비롯되었다고 주장했다. 파시스트들은 불만에 찬 보수주의자인 경우가 가장 많았다. 그들은 좌파, 사회주의, 페미니즘, 자유주의에 반대했다는 점에서 반동적이었다. 그들이 보기에 이러한 사조들은 그들의 가치와 경제적 이해관계에 유해했다. 그들은 자신의 지도자들이 보수의 이익을 수호하는 데 실패했다고 보았다는 면에서는 혁명적이었다. 기성 지배계급은 (그들이 생각하는) 국익을 진정으로 대변할 새로운 엘리트 세력으로 교체되어야 했다. 이러한 반역의 과정에서 종종 보수 진영 내부에 잠재되어 있던 계급 갈등이나 성별 갈등이 노출되기도 했다. 또한, 전간기에는 드문 사례이긴 했지만, 좌파의 위기에서 파시즘이 발생한 경우도 있었다. 좌파 출신의 파시스트들 사이에는, 기득권 세력에 대한 여전히 좌파적인 적대감과, 좌파는 민중을 배반했다는(이를테면 정치적으로 쉬운 길을 택함으로써 제 뱃속만 채웠다는) 확신이 혼재했다. 동기의 복합성은, 어째서 파시즘이 준군사조직의 폭력을 동원해 좌파를 파괴하는 데 앞장섰으면서도 다른 한편으로는 군부를 해산하겠다고 위협했는지를 설명해준다. 나는 또한 파시즘이 좌·우파 모두와 친연성이 있었던 점과 관련하여, 파시즘의 모순적인 기원이 파시즘과 다른 운동들의 관계를 설명해준다고 지적했다. 더불어서, 나는 파시스트들이 좌파에 폭력을 행사함과 동시에 좌파의 일부 사상과 실천을 변용했음을 언급했다. 예를 들어, 그들은 좌파 성향의 노조를 탄압했지만 자체적인 노동자 단체를 설립했고, 페미니즘을 탄압했지만 당 내에 여성단체를 조직했다. 내가 제시한 정의는, 변화를 반영할 수 있다는 또다른 장점이 있다. 상황이 변하면, 파시스트 지지 기반의 중심이 이동하고, 운동의 분위기가 달라졌다.

유용한 정의는 우리가 알고 있는 사실을 되도록 많이 설명할 수 있어야 한다. 내 정의는 이 기준을 다른 정의들보다 더 잘 충족시킨다고 볼 수 있다. 그것은 다른 정의들의 모든 장점을 포함할 뿐만 아니라 추가적인 특징들, 예를 들면 파시즘 내부의 갈등이나 다른 운동과의 모호한 관계도 설명해낸다. 하지만 내 정의는 내가 설명에 포함한 사례들의 몇 가지 주요한 차이점에 대해서 얼버무리고 넘어갔다. 이탈리아 파시즘과 나치즘이 같은 범주에 속했다는 나의 주장을 뒷받침하기 위해, 나는 나치의 인종 말살적 반유대주의를 부차적인 특징으로 간주해야 했다. 이탈리아 파시즘과 나치즘 사이에 유사성이 있기는 하나, 그렇다고 해서 나치즘이 파시즘의 한 형태가 되는 것은 아니다. 사실 내 정의는 다른 정의들 못지않게 환원주의적이었다. 즉, 나는 실재했던 여러 운동과 체제의 엄청난 다양성과 복합성을 가지치기하여, 내 정의의 요건들에 부합하는 형태로 단순화하고자 했다. 사실 나는 모든 정의에 내재한 근원적인 문제들에 봉착했다. 우리가 진일보하기 위해서는 이 문제들을 직시해야 한다.

정의의 문제

우선, 모든 정의(定義)는 선택적이다. 정의는 파시즘의 여러 양상 중에서 일부는 우선시하고 나머지는 배제한다. 마르크스주의와 베버주의 접근법은 보수적 이권 옹호를 강조하며, 반면에 전체주의 이론은 혁명적 사상에 집중한다. 양쪽 모두 그들이 선택한 기준이 보다 '본질적'이라고 주장한다(이것은 어디까지나 '주장'이다). 그러나 어느 쪽이 옳은지 판가름할 길은 없다. 더군다나 파시즘에는 이질적인 특성들이 너무나 많아서, 어떠한 정의든 곧 반증을 만난다. 예를 들어, 마르크스주의자들은 일부 파시스트들이 자본주의를 비난했음을, 전체주의 이론가들은 일부 파시스트들이 자본주의를 옹호했음을 발견하게 된다. 두 진영은 동일한 방법으로 자신의 이론을 변호한다. 마르크스주의자들에 따르면 파시스트의 반자본주의는 '전술'이었을 뿐이고, 그 전술은 그들이 집권하면서 폐기되었다. 전체주의자들에 따르면 파시스트와 보수의 연대가 '전술'이었고, 그 역시 집권 후 폐기되었다. 내 정의는 예시된 이 문제들은 비켜 갔다. 하지만 나 역시 내 정의를 정당화하기 위해, 이탈리아 파시즘과 나치즘의 다양한 양상들을 기성 정당들에 대한 반항에서 파생된 결과로 단순화해야 했다.

불가피한 선택은 여기서 끝나지 않는다. 우리는 파시즘의 지도자, 정당의 지식인, 일반 당원, 그리고 그들에게 표를 준 유권자 중에서 누구에게 집중할 것인지, 혹은 이들 모두에게 집중해야 할지를 결정해야 한다. 이 선택에 따라서 우리의 정의는 달라진다. 다음으로 마주하는 문제는, 사람들이 파시스트 운동에 헌신한 정도가 저마다 달랐다는 점이다. 어떤 이들은 단지 투표에 참여하거나 정당 신문을 읽는 정도였고, 어떤 이들은 이따금 집회에 참석했고, 어떤 이들은 광적이었다. 파시스트 중 다수는 다른 정당에도 적을 두거나 지지를 표명했다. 더군다나, 사람들은 결코 파시즘에 대한 충성도만으로 자신을 정의하지 않았다. 파시스트 운동에 동참한 사람들은 단지 파시스트였던 것만이 아니었다. 그들은 동시에 어머니거나 아버지였고, 가톨릭교도거나 무신론자였고, 노동자거나 자본주의자였으며, 그 밖에 다른 많은 정체성을 가진 이들이었다.

우리의 정의가 얼마나 정교하든, 그것은 결코 파시즘이라는 한 운동의 역사를 설명할 수 없다. 왜냐하면, 역사 속에 실재했던 그 사람들은, 결코 단순히 파시스트로서만 행동하지 않았고, 우리의 정의대로 움직인 건 더더욱 아니었기 때문이다.

또다른 문제는 우리의 정의에 파시즘의 어떤 '사례'들을 포함할 것인가다. 어떤 학자들은 오로지 그 첫 사례인 이탈리아 파시즘만 정의 도출에 사용해야 한다고 주장한다. 이 선택에는 단순성이라는 명백한 장점이 있지만, 이탈리아 파시스트 운동과 체제의 다양하고 이질적인 측면 중에서 어떤 것을 정의에 포함할지에 대해서는 여전히 결정을 내려야 한다. 다른 학자들은 이탈리아 파시즘과 나치즘이라는 두 개의 '표준적' 사례를 기반으로 정의를 도출할 것을 권고한다. 그렇지만 어째서 나치즘은 표준적이며, 예컨대 루마니아의 철위대(Iron Guard)나 에스파냐의 팔랑헤(Falange)는 그렇지 않다는 것일까? 여기서도 역시, 〔여기서는 포함할 사례들에 대한〕 선행하는 선택이 정의의 내용을 규정한다. 또한, 포함하는 사례의 수가 많아질수록 사례들 사이의 공통점은 줄어들고, 정의는 더욱 일반적인 성격을 띠며, 더 많은 모호한 사실들이 '부차적인' 영역으로 밀려난다.

이 점을 염두에 둔 어떤 이들은, 나치즘을 파시즘의 일종으로 보기는 어렵고, 오히려 공산주의와 한 범주로 묶는 게 적당하다고 말할지도 모르겠다. 공산주의와 나치즘은 모두 '전체주의적'이었기 때문이다. 그러나 전체주의라는 범주를 선택한다는 것은 곧 나치즘과 공산주의의 지배 방식상의 공통점을 우선시하고 (예컨대) 사유재산에 대한 상이한 태도는 무시하겠다는, 마찬가지로 자의적인 결정을 의미한다.

독자들은 당연히 이렇게 물을 수 있다. 만약 파시즘을 식별하고 이해하게 해줄 궁극의 정의를 제공해주지 못한다면, 이 책은 무슨 의미가 있는가? 내게 인내심을 발휘해준다면, 독자들은 다음을 알게 될 것이다. 파시즘을 뚜렷이 정의할 수 없다고 해서, 그것에 대해 아무 말도 할 수 없는 것도 아니고, 모든 것이 그저 주관적 의견에 그치는 것도 아니다. 또한, 정의에 대한 회의가 있다 하더라도, 정의를 전혀 사용하지 않을 수는 없다. 이 책에 어떤 내용이 담겼을지 질문할 독자들에게, 나는 우선 이 책에 포함된 내용은 내가 **선택**한 것들이며, 내 선택은 달랐을 수도 있었다는 점을 기억해달라고 당부하고 싶다. 그리하여 나는 이 책에 자신을 파시스트로 명명했거나 혹은 그들의 적이나 학자에 의해 파시스트라고 일컬어졌던 운동과 체제를 포함했다. 그렇게 선택한 이유는, 독자들이 그러한 운동과 체제가 파시즘과 어떤 점에서 비슷했고 어떤 점에서 달랐는지에 대해 관심이 있을 거라고 생각하기 때문이다. 나는 이러한 운동들을 꿰뚫는 하나 이상의 공통분모, 공통된 핵심이나 동력이 존재한다고 주장하지 않는다. 달리 말하면, 나는 파시즘을 여러 의미를 포괄하는 편의적인 명칭으로 사용한다.

이 책에서 살펴볼 대상들이 우리의 관심사에 바탕을 두고 선택되었다는 사실은, 우리가 우리의 정의로 무엇을 할 수 있고 무엇을 할 수 없는지를 최대한 분명히 하는 한, 문제될 것이 없다(학자들은 보통 스스로 정의할 수 없는 부분은 적시하지 않는다). 내가 앞서 설명한 파시즘의 정의들은 저마다 우리에게 무언가를 말해준다. 더군다나 이 정의들은 그 옹호자들이 생각하는 것만큼 서로에 대해 배타적이지 않다. 그러나 이들 중 그 어떤 정의도, 심지어 우리가 그들을 모두 합치더라도, 모든 것을 말해주지는 않는다. 미래에 우리가 파시즘에 대해 어떤 질문을 할지도 지금은 알 수 없다(예를 들어, 한때는 누구도 파시즘과 여성의 역할, 혹은 파시즘과 환경에 대해 연구해볼 생각을 하지 못했다). 어쨌거나, 파시즘은 몇 마디 말로 규정하기에는 너무나 복잡다단하다.

사실 파시즘이 다른 정치 운동들에 비해 유달리 더 복잡한 것은 아니다. 그런데도 파시즘은 유달리 더 정의 문제에 얽매여 있다. '사회주의'나 '자유주의'의 경우, 우리는 이것들이 다양한 정황 속에서 다양한 의미를 가지며, 다른 이데올로기와 겹치는 부분들도 있고, 그리고 활동가들 사이에서도 자신의 이데올로기가 무엇을 의미하는지에 대해 근본적인 견해차가 존재함을 쉽게 받아들인다. 우리는 또한, 누가 '진정한 사회주의자' 혹은 '진정한 자유주의자'인지에 대한 논쟁이 정치적 동기와 연결되어 있음을 잘 알고 있다. 누가 당의 '진정한 가치'를 대변하고 누가 그 가치를 '배신'했는가를 두고 당이 분열되는 모습을 우리는 얼마나 자주 목격했던가? 결국, 요점은 이렇다. 어떤 정치적 명칭의 궁극적인 의미를 파악하기란 불가능하지만, 그 명칭이 특정한 상황에서 어떤 식으로 사용되고 활동가들에게 무엇을 의미하는지는 보다 쉽게 파악할 수 있다. 예를 들어, 우리는 무솔리니가 파시즘을 이야기할 때 그것이 무엇을 의미했고, 그의 견해가 어떻게, 왜 바뀌었으며, 다른 이탈리아 파시스트들의 견해와는 어떻게 달랐는지를 따져볼 수 있다.

파시즘을 다른 개념과 구분 짓는 유일한 점은, 엄청나게 부정적인 도덕적 함의다. 물론 다른 정치적 명칭도 모욕적으로 쓰이는 일이 있다. 미국에서는 '자유주의자(liberal)'가 〔진보주의자에 가까운 의미를 가지며, 보수파에 의해〕 경멸조로 사용되기도 한다. 그러나 어떤 명칭이든, 그것을 긍정적으로 여기는 사람들도 어렵지 않게 찾을 수 있다. 파시즘의 경우는 다르다. 그 심각한 부정적 함의로 인해, 파시스트로 불리기를 원하는 이는 거의 없는 반면, 적에게 파시스트라는 효과적인 낙인을 찍고 싶은 유혹은 강하다. 정치인과 언론인은 정의를 무기처럼 사용하며, 파시즘은 아주 훌륭한 무기다. 어떤 정의가 '객관적'이거나 '과학적'이라고 주장할 수 있다면, 그것은 더욱 효과적인 비방의 수단이 된다. 그래서 그들은 종종 학자들의 개입을 요청한다. 훌륭한 자격을 갖춘 학자들이 적극적으로 이러한 요청에 응해왔다. 이들 중 다수는 정확한 정의의 수립이 학자의 주요한 과제 중 하나라고 믿는다. 그러나 내가 보기에 '진정한 파시즘'이 무엇인지를 결정할 능력 면에서, 학자들은 다른 이들보다 그다지 나을 게 없다. 그들이 하나의 합의된 동의에 이르지 못한다는 사실이 이를 충분히 방증한다. 일단 파시즘을 정의한다는 그 불가능한 과제에 착수한 후에는, 그들도 정치인과 언론인을 흥분시키는 답이 없는 정의 논쟁에 (종종 별 저항 없이) 빨려들고 만다.

학자들은 특정 상황에서 어떤 정치적 명명(命名) 체계가 적용되었고, 명칭들은 어떻게 사용되었으며, 그것들이 활동가들에게 무엇을 의미했는지를 더 잘 탐구할 수 있다. 이런 의미에서, 파시즘이라는 개념은 과거를 이해하는 데 필수적이다. 우리는 파시즘의 정의가 불가능함을 인지하고 있지만, 당시의 활동가들에게 파시즘은 매우 실제적인 개념이었다. 파시즘이 무엇인지에 대한 판단은 그들의 사고에 영향을 끼치고, 여러 집단이 서로에 대해 반응하는 양상을 결정지었다. 따라서 나치즘이 파시즘의 한 형태인지 아닌지에 대한 비생산적인 논쟁을 벌이기보다는, 나치가 파시즘이라는 명칭을 어떤 방식으로 사용 혹은 거부했는지, 그들이 이탈리아 파시스트 체제를 어떻게 해석했고, 그로부터 무엇을 차용했는지, 그리고 그렇게 차용한 것들을 다른 사상 및 실천과 어떻게 결합했는지를 탐구하는 편이 낫다.

'파시즘'이라는 용어가 오늘날에 사용되는 방식을 살펴볼 때도, 우리는 파시즘을 이해하기 위해 우리가 선택한 개념들을 사용할 수 있다. 다만 이때도 역시 우리가 하는 작업이 무엇인지를 명확히 할 필요가 있다. 사람들은 당연히 오늘날의 운동들이 과거의 파시즘과 얼마나 닮았는지에 관심이 있고, 나는 그 문제를 이 책에서 다룰 것이다. 그러나 반드시 기억해야 할 점은, 우리는 우리가 선택한 범주들을 적용한다는 것, 그리고 우리는 단지 유사점과 차이점을 부각할 뿐이라는 것이다. 즉, 우리는 오늘날의 운동이 본질상 파시즘적인지 아닌지 여부를 판명할 수 없다. 또한, 우리가 탐구 대상으로 삼은 운동을 특정 범주 안에 넣는다고 해서, 그것에 대해 알아야 할 모든 것을 다 알 수 있는 것도 아니다. 다른 정의는 우리에게 다른 사실들을 보여줄 것이다.

제 2 장

파시즘 이전의 파시즘?

1893년, 프랑스 에그모르트

19세기 말엽, 프랑스 지중해 연안의 염전들은 대체로 기계화 이전의 상태였고, 채취된 소금을 모아 쌓아올리는 일은 더할 나위 없이 고된 노동이었다. 작열하는 8월의 태양 아래, 점점 높아져만 가는 소금산의 꼭대기를 향해 깔린 나무판자 길을 따라, 일꾼들은 소금으로 가득찬 무거운 수레를 밀어 올렸다. 염전 일은 계절을 탔기 때문에 주로 가난한 뜨내기 일꾼들 몫이었고, 프랑스는 인력이 부족했으므로 그들 중 다수는 이탈리아에서 이주해 온 이들이었다.

1893년 8월 16일, 에그모르트의 염전에서 이탈리아인들이 프랑스 일꾼 셋을 죽였다는 근거 없는 소문이 돌았고, 불운한 이탈리아 이민자들을 겨냥한 사실상의 인간 사냥이 시작되었다. 다음날 아침, 경찰이 이탈리아인들을 되는대로 모아 기차 역으로 호송해 갔다. 도중에 프랑스인들은 겁먹은 이탈리아인들을 잔인하게 공격해 적어도 여섯을 그 자리에서 죽이고 다른 곳에서 둘을 더 죽였다. 결국, 이탈리아 이민자들은 중세에 지어진 에그모르트의 콩스탕스 탑 안으로 피신했다. 뒤이은 이틀 동안 얼마나 더 많은 이탈리아인이 바닷가 습지에서 신원 불명의 죽음을 맞았는지 아무도 모른다.

목숨을 잃는 경우는 드물었지만, 그즈음 프랑스인과 이주 노동자들 사이에는 다툼이 잦았다. 정치 집단들은 공통적으로 외국인 노동자들을 향한 적대감을 드러냈다. 에그모르트에서도 한 무리의 프랑스 노동자들이 대열을 이루고 붉은 깃발을 앞세웠다. 그러나 에그모르트 학살에는 전에 없던 무언가가 있었다.

작가 모리스 바레스(Maurice Barrès)는 일부 학자들에 의해 파시즘의 창시자 중 한 명으로 여겨진다. 그는 우연히도 그의 1890년 소설 『베레니스의 정원Le Jardin de Bérénice』의 배경을 에그모르트에 두었고, 콩스탕스 탑을 새로운 내셔널리즘의 상징으로 사용했다. 바레스는 민족국가에 대한 자유주의적이고 민주주의적인 관점, 즉 그것이 (남성) 거주민 개개인의 (함께 살겠다는) 합리적이고 민주적인 선택의 결과라는 관점을 거부했다. 그가 보기에, 민족 정체성은 인간의 평범한 이성을 넘어서는 영적인 감정에서 기인했다. 이러한 관점은 당시 유행하던 인간의 집단 무의식에 관한 심리학적 사고, 그리고 예술이 인간 행동 저변에 숨겨진 신화(hidden myths)를 투영할 수 있다고 믿었던 상징주의 문예사조에 영향을 받은 것이었다(그림 1). 바레스는 프랑스를 역사와 전통, 그리고 대지와 농민의 오랜 맞닿음에서 비롯된 결과로 보았다. 바레스 소설의 주인공은 콩스탕스 탑 꼭대기에 올라 프랑스 전원의 광활함을 바라본다. 프랑스의 중세와 교감을 나누며, 그는 한 개인으로서 자신은 '이 광활한 전원을 유구하게 흘러온 시간의 한순간에 불과할 뿐'임을 깨닫는다. 바레스의 주인공은 프랑스의 대지와 하나였다. 이민자는 결코 그렇게 될 수 없었다.

바레스는 그저 자아 문제에 함몰된 또 한 명의 예술가쯤으로 보일 수 있다. 영혼으로 통하는 열쇠에 대한 탐구는 그의 글에 자주 등장하는 주제였다. 그러나 바레스에게는 다른 면이 있었다. 그는 1889년에 프랑스 동부 낭시 시(市)를 대표하는 하원 의원으로 당선된 정치가였다. 당시 그는 불랑제(Boulanger) 장군의 추종자였는데, 불랑제는 프랑스에서 부패한 의회 정치인들을 몰아내겠다고 공약한 군인 정치가였다. 바레스는 선거 운동 당시 낭시 시민들의 반유대주의 또한 이용했다. 그는 점점 내셔널리즘이야말로 모든 문제의 해결책이라고 확신하게 되었다. 에그모르트 학살이 있기 몇 주 전, 그

1. 1888년의 모리스 바레스. 19세기 말엽의 복식 규범 때문에 내셔널리스트 지식인이 대중 친화적으로 행세하기란 어려운 일이었다. 종전 후 활동가들이 입은 제복은, 그들이 같은 공동체에 속하며 모종의 위계질서를 이룬다는 메시지를 전달해주었다.

는 일간지 『피가로Le Figaro』에 보낼 일련의 기고문을 작성했다. 「외국인에 대한 반대」라는, 설명이 더 필요 없는 표제를 단 이 글이 게재되었을 당시, 이탈리아와 프랑스의 관계는 경색되어 있었고, 이탈리아 이민자들은 첩자로 의심을 받곤 했다. 바레스는 에그모르트에서 일어난 일에 책임이 없다. 그러나 그의 소설과 정치적 언론 활동은 파시즘을 낳은 지적 풍토와 대중의 외국인 혐오증을 이은 연결 고리였다. 1898년에 바레스는 자신을 '국가사회주의자'로 불렀다.

이러한 사건들은 파시즘의 기원이 무엇이냐는 문제를 제기하며, 더 나아가 우리가 여기서 논의하고 있는 파시즘 이전에 이미 파시즘이 존재했었는지를 자문하게 한다. 분명히 1922년 이전의 어떤 운동들은 다른 운동들에 비해서 파시즘과 더 닮아 있었다. 그러나 우리는 에그모르트 학살에 연루된 사람들의 정치적인 성향에 대해 거의 알지 못한다. 또한 바레스와 파시즘을 직접적으로 연결할 수도 없다. 왜냐하면 반유대주의와 국가사회주의를 주창한 바레스는 무솔리니보다 히틀러에 더 가까웠기 때문이다. 더군다나 바레스 자신은 나중에 전통적인 보수주의를 받아들였고, 전쟁이 발발하자 유대인 군인들의 애국심을 칭송했다.

어디서 시작할 것인가?

앞 장에서 논의한 정의의 문제들은 파시즘의 기원을 찾아 과거를 더듬는 작업을 복잡하게 만든다. 첫째, '파시즘'의 정의에는 다양한 사항들에 대한 취사선택이 수반되었음을 기억하자. 만약 우리가 이탈리아 파시즘과 나치즘을 전체주의로 분류하기로 했다면, 공산주의의 전신(前身)도 찾아내야 할 것이고, 그 결과 기원에 대한 전혀 다른 이야기가 만들어질 것이다.

둘째, 출발점을 이탈리아 파시스트당의 결성으로 잡는다는 것 역시 하나의 선택을 의미한다. 나치즘에서 시작하고 이탈리아 파시즘이 그 전신이었는지를 묻는다 해도, 조금도 손색없는 선택이 될 것이다. 마찬가지로, 바레스를 시작점이자 '표준적 사례'로 잡을 수도 있겠다. 이 경우에는 이탈리아 파시즘과 나치즘을 바레스적인 국가사회주의의 변종으로 그리게 될 가능성이 높다.

셋째, 파시스트들이 핵심어의 의미와 현실적인 함의에 대해 서로 의견이 엇갈렸다는 사실, 그리고 사람들을 파시즘으로 이끈 동기들이 다양했다는 사실은 파시즘의 기원을 어느 한 곳에서 찾을 수 없음을 시사한다. 이를 인정할 때, 이탈리아 파시즘과 나치즘이 각각 두 나라 국민의 고유한 '전통'이나 '심리' 속에 담긴 무엇인가의 자연스러운 발로였다거나, 혹은 두 나라에서 '근대화'가 촉발한 극심한 중압감에 대한 반응이었다는 견해는 기각된다.

우리는 파시즘의 기원을 찾아 과거로 거슬러오를 것이 아니라, 1919~1922년 당시 이탈리아의 특수한 상황을 살펴야 한다. 당시 이탈리아의 파시스트는 권력 투쟁을 재개하고 정계에서의 입지를 다져 경쟁자들과 세를 겨눌 방도를 두루 모색중이었다. 그러기 위해, 그들은—이를테면 파스케스처럼—주변의 익숙한 개념과 전통을 사용했고, 그것들로부터 무언가 새로운 것을 창조했다. 이후 타국의 추종자들도 같은 전략을 취했다. 그들은 다른 여러 준거점들과 함께 파시즘을 선택적으로 사용했으며, 그 결과 독창적이면서 논쟁적인 새로운 조합물을 만들어냈다. 이번 2장에서, 나는 이탈리아 파시스트와 나치가 공통되게 활용했던 몇 가지 사상을 살펴볼 것이다. 유관한 사실들을 선별하기 위해, 나는 어쩔 수 없이 사후적 통찰에 의지할 것이다.

이 장에서 내가 할 다른 작업에서도 사후적 통찰은 불가피하다. 나는 이탈리아 파시즘과 나치즘을 그 이전의 운동 및 이데올로기와 비교해보고, 그러한 운동과 이데올로기 중에서 둘의 다양한 측면을 선행적으로 드러내 보였던 것들을 강조하여 설명할 것이다. 그러나 유사성의 존재는 그러한 운동들이 파시즘을 '초래'했거나, 혹은 파시즘이 (대중 운동으로 성장하거나 권력을 차지할 여건이 성숙하기까지) 그들 속에 잠재해 있었음을 의미하지 않는다. 우리는 파시즘의 전조처럼 보이는 현상에 현혹되어서는 안 된다. 모든 이데올로기에는 복합적이고 모순적인 성격이 있어서, 어느 두 이데올로기 사이에서나 쉽게 유사성을 찾을 수 있다. 과거의 운동과 파시즘을 비교할 때, 우리는 당연히 부분적인 유사점과 부분적인 차이점을 발견하게 될 것이다.

나는 파시즘이 정치 스펙트럼 전반에 걸친 다양한 사상들을 차용하고 변형했음을 강조할 것이다. 그렇게 해야만 파시즘이 무엇인가에 대해 파시스트들 사이에서 벌어졌던 그 많은 논쟁이 설명된다. 또한, 유럽에서 (그리고 그 너머에서도) 사상과 경제, 사회, 정치적 실천은 언제나 서로 복잡하게 얽혀 있었기 때문에, 어느 한 나라를 다른 나라들과 분리해서 생각하기란 불가능하다. 어느 나라에서건, 그리고 좌·우파에 관계없이, 모든 운동은 대개 복수의 나라에서 두루 통용된 사상들을 활용했다. 19세기 사상들 거의 모두가 파시즘에 무언가를 기여했지만, 그중 어떤 것도—심지어 파시즘과 가장 유사했던 것들조차도—본질상 파시즘의 원형 혹은 프로토-파시즘(proto-fascism)이라고 할 수는 없다.

파시즘의 조건

학자들이 '급진적 우파'라 명명한 19세기 말의 운동들은 파시즘과 유사한 측면이 두드러지게 많았다. 범독일인연맹(Pan-German League)과 이탈리아 내셔널리스트 협회(Italian Nationalist Association), 프랑스의 애국자연맹(League of Patriots), 그 외에도 다른 많은 운동이 이 범주에 포함되었다. 당시에는 아무도 급진적 우파라는 명칭을 사용하지 않았고, 이들도 자신이 단일한 범주에 속한다고 생각하지 않았다. 그와 반대로, 그들은 모든 민족이 저마다 고유한 특성을 가진다고—혹은 그래야 한다고—믿었으며, 각자의 나라에서 권력을 장악하거나 정부에 영향력을 행사하고자 했다. 그러나 급진적 우파의 토양이 된 당시의 지적·정치적·사회적·경제적 변화는 국경을 초월했고, 어떤 면에서는 좌파에게도 영향을 주었다. 급진적 우파는 유사한 압박에 유사한 방식으로 대처했지만, 두루 통용되던 사상들을 각자의 목적에 따라 변형하고 재조합해 활용했다.

먼저 파시즘의 지적 기원부터 따져보자. 만약 우리가 파시즘을 정치 종교로 환원한다면, 그 기원은 종교개혁 시대나 심지어 고전 시대의 급진적 종파로까지 거슬러올라간다. 이들은 일부 파시스트들의 비관용적이고, 비자유주의적이며, 메시아 사상에 기반을 둔 사고방식을 앞서서 나타내 보였다. 그러나 파시스트들은 종교사에서 발견되는 사뭇 다른 경향으로부터도 영향을 받았다고 볼 수 있다. 이를테면 이성을 신앙에 봉사하는 도구로 사용한 스콜라 신학의 굳은 의지 같은 것들 말이다.

18세기 계몽사상을 잠재적인 출발점으로 삼을 수도 있다. 하지만 이와 관련된 유산 역시 복합적이다. 사회가 반드시 전통에 의해 결정되는 것도 아니고, 보편적 법칙으로부터 도출된 설계도에 따라 사회를 구성할 수 있다고 보는 계몽주의 사상은 분명 파시즘에 일정 부분 반영되었다. 미셸 푸코에게 영향을 받은 일부 역사가들은 인구 계획, 의료화, 계량화에 대한 파시스트의 집착이 계몽 시대 과학으로부터 비롯되었다고 주장한다. '일반의지(general will)'라 불리는 하나의 보편적 이상에 따라서 사회를 규제해야 한다는, 계몽사상가 장자크 루소(Jean-Jacques Rousseau)의 사상도 관련성이 있다. 프랑스 혁명 세력 중 가장 급진적이던 자코뱅파는 루소의 이 개념을 1793년의 공포정치로 실천했다. 자코뱅파 일부는, 평등 사회를 구현하고 그들의 계획에 반대하는 이들을 제거하기 위한 수단으로서 폭력을 정당화했다. 그들은 사람들에게 자유를 강제하고자 했다.

그러나 파시즘은 반(反)계몽사상가들에게도 빚을 졌다. 독일의 고트프리트 폰 헤르더(Gottfried von Herder)는 민족 전통의 이름으로 보편 법칙의 타당성을 부인했고, 조제프 드 메스트르(Joseph de Maistre)를 포함한 프랑스의 반혁명주의자들은 민족, 동종직 종사자, 가족과 같은 '자연적' 공동체가 개인의 인권보다 더 중요하다고 주장했다. 반계몽철학은 19세기 낭만주의에 큰 영향을 끼쳤다. 낭만주의는 자연을 숭배하고 이성을 배척했으며, 예술가의 천재성으로 대중의 평범함을 상쇄하고자 했다.

여기서 시야를 좁혀, 어떤 이들은 19세기 말엽을 특징지은 '이성에 대한 반발'이라는 맥락 속에서 급진적 우파가 발생했다고 본다. 여러 세기말(fin-de-siècle) 사상가들이 분명 합리주의와 그 지류들, 즉 자유주의와 사회주의, 유물론, 개인주의에 반대했다. 그들은 역사를 진보의 과정으로 바라보기를 거부한 비관론자였다. 그들이 보기에 역사는 퇴보에 저항하는 필사적인 투쟁이었다. 파시스트는 나라를 퇴락으로부터 구원할 엘리트 지도자의 등장을 염원했는데, 그 바탕에 깔린 재탄생(palingenesis, 잿더미로부터의 부활) 개념도 이러한 세기말적 풍토에 뿌리를 두고 있다. 독일에서는 낭만주의를 뒤이은 다양한 관념론적 사조의 영향 아래서 독일 '폴크(volk, 국민)'라는 개념—윤리적이고, 사회적으로 통합되었으며, 가부장제에 바탕을 두고, 종족적(ethnic) 특징과 언어를 공유하는 사람들의 공동체—이 형성되었다. 바레스는 조상과 토지에 대한 숭배를 내세워 합리주의자인 공화파를 공격했다.

파시스트들에게 영향을 준 인물로 프랑스의 군중심리 이론가 귀스타브 르 봉(Gustave Le Bon) 역시 빼놓을 수 없다. 그는, 군중은 비이성적이고 선동 정치가에 의해서 조종당할 수 있다고 주장했다. 무솔리니와 히틀러 모두 르 봉의 견해를 인용했는데, 르 봉 자신은 보수주의자에 가까웠고, 극우 못지않게 좌파도 그의 이론에 매료되었다. 르 봉과 같은 유형으로, 역시 무솔리니가 인용했던 조르주 소렐(Georges Sorel)이 있다. 그 또한 대중을 움직이는 동기는 신화와 폭력이라고 주장했다. 이와 유사하게, 이탈리아의 정치학자 가에타나 모스카(Gaetana Mosca)와 빌프레도 파레토(Vilfredo Pareto)는 정치 엘리트 집단의 권력 유지를 위한 폭력의 기능을 강조했다. 독일의 철학자 프리드리히 니체(Friedrich Nietzsche)는 보편주의가 강자에 대한 존중을 약화했다고 믿었다. 그는 한 운명의 사람이 나타나 더욱 정신적인 공동체를 창조해주기 바랐지만, 그의 사상은 모순적이고 복합적이었다. 학자들은 이들 주요 사상가를 과연 어느 정도까지 프로토-파시스트로 볼 수 있을지에 대해 의견이 다르다. 분명한 것은 그들의 사상이 프로토-파시스트들에 의해 전용되고 오용되었다는 사실이다.

사실 파시즘의 기원을 오로지 이성의 거부에서만 찾을 수 있는 건 아니다. 그와 반대로, 앞서 말한 사상가들은 모두 신화와 엘리트, 군중의 연구에 보편적인 과학 원리를 적용할 수 있다고 생각했다. 예를 들어, 르 봉은 진화 과학을 (그릇되게) 활용했다. 그는 엘리트가 진화와 자연선택의 과정에서 이성적 능력이 발달했기 때문에 대중보다 나은 존재가 되었으며, 따라서 엘리트는 대중의 충동이 어디서 기인하는지를 파악하고 그들을 안전한 내셔널리즘으로 인도하기 위해 사회과학을 사용할 수 있다고 주장했다. 우생학적인 사회계획과 그 속에 함축된 인종주의는 당시의 기준으로는 분명 과학적이었다. 물론, 우리가 보기에 그런 것들 대부분은 유사(pseudo) 과학이다.

찰스 다윈(Charles Darwin)의 적자생존 원칙은 그때나 지금이나 과학적으로 존중할 만한 것이지만, 그것의 사회적 적용은 미심쩍은 데가 많았다. 사회다윈주의자들은 근대사회의 안락과 빈곤층에 대한 지원이 결국 부적자(unfit)의 생존과 사회의 도태로 이어질 것으로 우려했다. 그들은 '우생주의'를 그에 대한 해결책으로 권고하면서, 부적자에 대한 단종 수술과 같은 '소극적' 조치 및/또는 건강한 사람에 대한 출산 장려와 같은 '적극적' 개혁을 제안했다. 일부 사회다윈주의자들은 오직 강한 지도자만이 대중이 나태와 무기력에 빠져드는 것을 막을 수 있다고 생각했다. 그들은 또한 민족국가 간에는 불가피한 패권 다툼이 존재하며, 때에 따라서 개인의 운명은 민족의 운명에 비해 그다지 중요하지 않다고 생각했다.

사회다윈주의는, 심지어 그것보다도 더 수상쩍은, 인종에 대한 '과학'과 연결되어 있었다. 프랑스의 왕정 옹호자 고비노(Gobineau) 백작이 1853년에 쓴 『인종 불평등론Essai sur l'inégalité des races humaines』은 발간 이후 줄곧 주목을 받지 못하다가 1890년대부터 읽히기 시작했다. 이 책에 열광한 이들 중 한 명이 작곡가 리하르트 바그너(Richard Wagner)였다. 그는 반유대주의, '유대적 요소'가 제거된 게르만 기독교, 그리고 다신교적 전승을 혼합하여 이상화된 게르만 신화를 창조했다. 그의 사위 휴스턴 스튜어트 체임벌린(Houston Stewart Chamberlain)은 여기에 사회다윈주의와 인종주의적 사상을 첨가했다. 히틀러는 체임벌린의 추종자였고, 승리 아니면 죽음이라는 바그너의 꿈을 일생 좇았다. 그러나 히틀러는 나치즘이 종교가 아니라고 주장했다. 그의 연설 중 일부는 '과학적 사회주의자들'(즉 마르크스주의자들)의 교조적이고 거창한 언어에 대한 패러디처럼 읽힌다.

인종주의는 제국주의의 필수적인 구성 요소였다. 1880년대와 1890년대 아프리카와 아시아의 상당 부분을 분할 점령하는 과정에서, 강대국들 사이에 경쟁의식이 촉발되고 인종주의가 강화되었다. 이탈리아, 독일, 프랑스의 내셔널리스트들은 자국의 몫이 공정치 못하다고 느꼈고, 영국의 극단적 내셔널리스트들에게는 과도하게 팽창한 제국을 지켜내는 것이 급선

무였다. 유럽의 강대국들은 인종 과학을 이용하여 '열등한' 비유럽인에 대한 지배를 정당화했고, 덕분에 필요할 때마다 법치의 원칙을 무시할 수 있었다. 원주민 몰살은 유대인 대학살의 선례를 제공했다.

이러한 분위기가 파시즘의 직접적 원인이었다고 주장한다면, 그것은 그럴듯하지만 안이한 접근이 될 것이다. 파시즘은 여러 가능한 결과 중 하나였을 뿐이고, 무솔리니의 인종주의는 히틀러의 인종주의와 상당히 달랐다. 더군다나 위에서 살펴본 여러 사상은 온건한 보수주의자들이나 좌파에 의해서도 다양한 방법으로 이용되었다. 예를 들어, 우생학의 창시자는 영국의 보수주의자 프랜시스 골턴(Francis Galton)과 그의 좌파 제자 칼 피어슨(Karl Pearson)이었다. 급진적 우파는 매우 다양하고 폭넓은 사상들의 한 가지 산물이었다. 이 사상들은 신비주의와 과학주의, 전통주의와 모더니즘, 이성과 반이성을 포함했으며, 정치적·국가적 경계를 넘나들었다.

이러한 사상들이 어떻게 급진적 우파 속에 체현되는지를 제대로 설명하려면, 반드시 구체적인 맥락을 살펴야 한다. 우선, 이 시기는 대학에서 역사학, 사회학, 정치학, 물리학, 생물학, 문학비평 등 근대적인 학과가 등장한 때였다. 영역이 분화된 전문적인 연구가 증가하자, 다방면에 걸쳐 과학적 식견을 자신하던 구식의 (때로 아마추어 수준에 그친) 학자들은 설

곳을 잃었다. 그때까지 대학의 교수 사회를 지배하던 변호사들과 의사들은 자신의 능력을 과장하는 경향이 특히 심했고, 앞서 살펴본 인종주의, 우생학, 심리학, 역사학 분야의 사상들에 관심이 많았다. 의사들과 변호사들은 극우 진영에서 활발히 활동했다. 그들은 자신이 과학적인 훈련을 받았기 때문에 정치적이고 사회적인 문제들에 대해서도 권위를 가진다고 주장했다.

이 박학다식자들은 영역이 특화된 전문적인 학자들로부터 인정받지 못하는 것에 분개했고, 정치적인 성공으로 이를 보상받고자 했다. 어떤 이들은 극좌를 선호했고(법을 공부한 레닌 Lenin은 전형적인 일반지식인generalist이었다), 온건한 좌파나 온건한 우파를 선택한 이들도 있었다. 다른 이들은 신생 우파를 선호했다. 바레스가 정치에 입문한 계기는, 집권 공화파가 (지금은 잊힌) 한 인종 이론가에 대한 공로 인정을 거부했기 때문이다. 전문지식인에 대한 질시와 더불어, 유대인과 여성의 전문직 진출에 대한 두려움도 작용했다. 의사들과 변호사들은 그들에게 신적 권능을 부여하는 것으로 보인 우생학 이론을 옹호했다. 전문적인 학자들도 유사 과학적 사고와 내셔널리즘의 영향에서 완전히 자유롭지 못했다. 요지는 이렇다. 사회를 과학적 원리에 따라서 구성할 수 있다고 믿은 사람들은 정치적 행동을 취하는 경향이 있었고, 이들 중 일부는 극우에 가담했다.

특히, 사회학자들이나 정치학자들은 민주주의―가공할 '대중의 시대'―의 도래를 군중 심리학과 인종의 관점에서 이해했다. 진보적인 프랑스로부터 제정 러시아에 이르기까지, 선거권은 1914년 이전에 이미 확대된(여성에 대해서는 거의 그렇지 못했지만) 상황이었다. 선거에 대한 사람들의 관심이 높아졌고, 일반 대중, 내셔널리스트, 사회주의자, 가톨릭교도, 농민을 대표하는 정당들이 출현했다. 이와 더불어, 어느 한 가지 사안을 중심으로 조직된 집단, 예컨대 채식주의자 협회라든가, 노동조합, 여성단체, 식민주의 로비 단체 같은 것들도 무수히 생겨났다. 타자기, 철로, 전신 등의 기술 혁신은 전국적이고 상시적인 정치조직들이 성장하는 데 이바지했다. 사회학자들에게 '대중의 약진'은 해결해야 할 문제였고, 이 문제는 엘리트 지배의 존속이라는 과제와 연결되어 있었다.

급진적 우파는 대중 정치에서 태어났지만 그것을 제한하고자 했다. 대중 정치의 장에서 적들과 싸우기 위해, 급진적 우파는 민족과 국가를 계급이나 종교 위에 두고, 경쟁자를 압박하고, 좌파의 정책을 차용하거나 변형하는 데 노력을 기울였다. 그들은 잠재적으로 상호 모순적인 목표들을 가지고 있었으며, 우리는 바로 이러한 맥락에서 급진적 우파를 이해해야 한다.

급진적 우파의 정치적 기원

우선 내셔널리즘부터 살펴보자. 그때까지의 내셔널리스트들은 대체로 좌익이었다. 그들은 각 민족의 '자기 결정권'을 옹호했고, 다민족 제국인 러시아, 합스부르크, 영국을 민주주의의 이름으로 비난했다. 그러나 정의라는 보편 원칙에 대한 그들의 호소는, 잠재적으로 비민주적인 낭만적 내셔널리즘과 결합하는 경우가 많았다. 낭만적 내셔널리즘은 거주민 전체에게 유사-신비적(quasi-mystical)으로 일치된 민족의식을 요구했고, 이들 거주민은 인종적 기원이 같고 다른 인종과는 근본적으로 다르다고 간주되었다.

급진적 우파는 내셔널리스트들이 새로운 국가를 세운 지 얼마 안 되는 곳, 특히 독일과 이탈리아에서 강했다. 독일과 이탈리아의 정부는 교육, 언어 일치, 징집, 그리고 교회의 초국가적(supranational) 영향력에 대한 제한을 통해, 군주의 백성이던 사람들을 국가의 시민으로 탈바꿈시키는 작업에 착수했다. 그러나 급진주의자들은 정부의 조처가 미흡하다고 보았다. 급진적 우파는 신생 국가가 아닌 프랑스에서도 강했다. (프랑스 제3공화국은 이미 1870년에 수립되었다.) 프랑스 정부 역시 농민들을 프랑스 국민으로 만들고 가톨릭교회의 영향력을 배제하려고 애썼지만, 더욱 급진적인 내셔널리스트들로부터 도전을 받았다. 이 모든 나라에서, 국가 공동체를 건설하려는 조치들은 (에그모르트의 염전에서와 마찬가지로) 일자리 등의 혜택을 둘러싼 경쟁을 더욱 치열하게 만들었다. 급진적 우파 운동은 집권한 내셔널리스트들이 분리주의 운동의 위협을 받는 곳에서도 생겨났다. 오스트리아-헝가리 제국의 오스트리아 지역에서, 다수 종족인 독일인들은 체코인과 폴란드인에게 지나치게 많은 것을 양허해주었다고 느꼈다. 1905년 혁명 이후 러시아에서는, 검은100인단(Black Hundreds)으로 대표되는 급진적 내셔널리스트들이 분리주의자와 사회주의자 양편과 맞서 싸웠다.

급진적 우파와 사회주의의 관계는 복합적이었다. 한편으로는 반마르크스주의를 표방하는 노동조합, 장인 협회, 농민 연맹, 기업인 단체 등 반사회주의적 조직들이 여럿 생겨났는데, 이들은 내셔널리즘 운동과 연계된 경우가 많았다. 다른 한편으로, 사회주의와 내셔널리즘 사이에는 잠재적인 접점이 존재했다. 19세기의 대부분 동안, 사회주의자들은 내셔널리스트였고, 자신을 '세계주의적인(cosmopolitan)' 자본가나 귀족이 아닌, 국민과 민족의 대변자로 인식했기 때문이다. 일부 사회주의자들은 더욱 넓은 의미의 급진적 전통 속으로 스며들었다. 이 전통 속에서 여성의 권리는 대체로 무시되었고, 외국인은 때때로 혐오의 대상이었다. 이들의 배타적 경향은 19세기 말에 이르러 마르크스주의—마르크스주의자들은 내셔널리즘보다 국제주의(internationalism)를, 국민 일반보다는 공장 노동자를 우선시했다—에 대한 반대에서 더욱 두드러졌다. 또한, 페미니즘의 등장과 더불어 이들 속에 내재하던 여성 혐오증이 밖으로 드러났다. 결과적으로, 일부 사회주의자들은 좌파에서 우파로 전향했다.

정통 사회주의자들 중에서도 급진적 우파에 영향받은 이들이 있었다. 정통 마르크스주의는 프롤레타리아의 승리가 있기 전에 부르주아지에 의한 민주적 혁명이 선행되어야 한다고 가르쳤다. 아직 민주주의가 자리잡지 못한 이탈리아에서, 일부 사회주의자들은 내셔널리즘이 이 필수적인 선결 조건을 충족시키게 해줄 것이라고 믿었다(이것은 무솔리니가 1차세계대전 참전을 지지한 이유 중 하나였다). 다른 나라의 일부 사회주의자들은 그들의 정당이 지나치게 관료적으로 변질되었다고 보고, 혁명을 촉진할 대안적인 수단을 모색했다. 급진적 우파 진영 내에 사회주의자 출신 활동가들은 그리 많지 않았고, 독일에서는 거의 전무했다. 그러나 앞으로 더 살펴보겠지만, 급진적 우파와 뒤이어 등장하는 파시즘은 노동자를 국가 공동체 안으로 포섭하기 위해 사회주의 사상을 응용하고자 했다.

급진적 우파는 페미니즘의 등장과도 관련지어 살펴보아야 한다. 페미니즘은 미국, 스칸디나비아, 영국에서 가장 활발했지만, 유럽 대부분 지역에서 다양한 강도로 존재했다. 페미니스트들은 1890년대에는 전문직 진출을 큰 목소리로 요구했고, 이어진 10년 동안에는 선거권 쟁취에 집중했다. 급진적 우파는 이에 대한 남성들의 반발을 앞장서서 이끌었다. 그러나 급진적 우파는 동시에 여성이 전통적으로 중요한 역할을 맡아오던 종교단체들을 자기편으로 끌어들였다. 또한, 급진적 우파가 포섭한 사회주의자들 중에도 여성이 있었다. 역시 급진적 우파는 적을 압박하면서 동시에 그들의 사상을 원용하는 방식으로 위협을 중화하고자 했다.

보수주의자들도 급진적 우파에 매력을 느꼈다. 영국의 보수주의자들은 아일랜드 자치에 반대한 에드워드 카슨(Edward Carson)의 얼스터 의용군(Ulster Volunteers)을 방조했고, 프로이센의 토지귀족인 융커(Junkers)는 독일토지연맹(German Land League)을 설립했으며, 프랑스 왕당파는 드레퓌스 사건(Dreyfus Affair) 당시 반유대연맹(Antisemitic League)을 조직했다. 자유주의자들 역시 급진적 우파에 전적으로 반대하지는 않았다. 그들 중 다수가 대중 사회의 평등주의가 능력에 바탕을 둔 위계질서를 위협한다고 보았기 때문이다. 그들은 종종 시장을 다윈주의적인 생존 경쟁에 빗대었으며, '경제' 성장 과정에서 삶이 파탄 나는 이들이 있더라도 이를 묵인했다. 이탈리아의 자유주의 경제학자 파레토는(무솔리니가 그의 강의를 들었을 가능성이 있다) 엘리트 계층이 인도주의에 이끌려 사회주의와의 싸움을 그르쳐서는 안 된다고 보았으며, 내셔널리즘을 공공선을 위한 대중 동원의 수단으로 보았다.

보수-자유주의 성향의 엘리트 계층은 급진적 우파와 마찬가지로 페미니즘과 사회주의, 소수 민족에 대해 적대적이었다. 그러나 그들은 적들에게 다소간의 양보를 해줄 의향이 있었다. 왜냐하면 그들은 '대중의 성장'을 불가항력적인 변화로 보았고, 그것과 타협하지 않으면 정치적인 파멸에 이를 수도 있다고 판단했기 때문이다. 급진적 우파의 급진성에도 불구하고 그들이 급진적 우파와 함께했던 이유는, 더욱 확장된 민주주의에 대한 대중의 열망을 그보다는 덜 마뜩잖은 대중적 내셔널리즘 운동 쪽으로 전환할 수 있지 않을까 하는 희망에서였다.

일부 급진적 우파 활동가들은 시각이 달랐다. 그들은 기존의 엘리트 계층이 국익을 수호할 수 있다고 보지 않았다. 실제로 정부는 집단적 광기를 불러일으킬까 두려워하며, 내셔널리즘의 주요 사안에 대해 미온적으로 대처하는 때가 많았다. 급진적 우파는 정부가 국민의 필요에 대해 더욱 즉각적인 반응을 보일 것을 촉구했다. 독일에서, 그들은 '우아한 비잔틴 시대의 잔재'를 비난하고, '국가를 구성하는 모든 집단을 국가적 사안에 대해 협의하고 참여하는 지위로 격상'시킬 것을—그런데 역설적이게도 한 명의 강력한 지도자를 통하여 그렇게

할 것을—요구했다. 독일과 프랑스, 이탈리아의 농촌 지역에서는 (한때 기성 질서의 수호자로 여겨지던) 목사들과 신부들이 농민을 각성시켰다. 급진적 우파는 그 나름의 방식으로 보수 정치를 '민주화'했다.

종합하자면, 급진적 우파는 단순히 극단적 내셔널리즘이나 아노미에서 파생된 것이 아니다. 급진적 우파는 민족국가 건설과 제국주의, 그리고 인종의 질과 효율성의 향상에 대한 관심이라는 맥락 속에서, 일자리와 경제적 보상, 성공적인 교육, 정치적 명예를 두고 사회주의자, 소수 종족, 페미니스트, 자유주의자 등과 벌이는 매일의 경쟁 속에 뿌리내리고 있었다. 이러한 투쟁의 과정에서, 급진적 내셔널리스트들은 당대에 통용되던 사상들을 정치 스펙트럼에서의 위치에 구애받지 않고 재가공하여 활용했다. 이것은 급진적 우파가 '좌파도 아니고 우파도 아니었다'는 말이 아니다. 왜냐하면, 당시의 구체적인 맥락 안에서, 급진적 우파는 그들의 협력자와 정치적 기회를 좌파보다는 우파 쪽에서 더 많이 발견했기 때문이다. 곧이어 살펴볼 사례들이 이 점을 잘 보여준다.

이 사례들은 1914년 이전에 있었던 많은 급진 우파 운동 중에서 일부만을 선별한 것이다. 이중 어떤 것이, 만약 그렇게 부를 만한 것이 존재한다면, 최초의 급진 우파 운동이었는지는 알 수 없다. 그 어떤 것도 파시즘과 완전히 유사하지는 않으며, 파시즘의 기원을 찾으려는 시도는 여러 곳에서 막다른 골목을 만났다. 파시즘의 기원을 이탈리아나 독일에서 탐지해낸 학자들은 거의 없다. 어떤 학자들은, 그다지 설득력은 없었지만, 프랑스에서 단서를 찾으려고도 했다. 전간기 동안 있었던 파시즘의 특정 갈래와 가장 가까웠던 것을 꼽자면, 흑백 평등을 두려워한 남부연합 출신 장교들이 남북전쟁 직후 결성했던 큐클럭스클랜(Ku Klux Klan: KKK)일 것이다. 그들은 아마도 가장 먼저 제복을 입기 시작했고, 인종의 적에 대해 폭력을 행사했고, 모종의 지도부를 두었다. 하지만 그런 그들도 파시즘의 코포라티즘이나 제국주의 같은 특성은 가지고 있지 않았다.

프랑스

프랑스가 급진적 우파의 형성에 우호적인 토양을 제공했음은 부인할 수 없는 사실이다. 프랑스인의 민족 감정은 1870년 프로이센-프랑스 전쟁에서의 패배와 식민지 쟁탈전에서 영국에 당한 굴욕으로 인해 상처를 입었다. 프랑스에서 혁명은 악명 높도록 잦았고, 마르크스 사회주의와 생디칼리슴은 또다른 혁명을 몰고 올 조짐을 보였다. '페미니즘'이라는 단어는 1872년에 처음 프랑스에서 사용되었다. 공화 정부는 자유민주주의

원칙에 바탕을 둔 통합된 세속 국가를 건설하기 위해 분투했으나, 국민 통합이 미흡하다고 본 이들과 가톨릭교도들 모두로부터의 반대에 부딪혔다. 농업과 공업의 노동력 부족과 이민자들의 유입은 (에그모르트에서와 마찬가지로) 대중의 외국인 혐오증을 자극했다.

프랑스의 급진적 우파는 서로 다른 중요도를 가지는 다음 네 분파의 만남에서 비롯되었다.

- 공화파와의 대결에서 연달아 패배한 이후 주변화하고 급진화한 왕당파와 가톨릭교도
- 세속화를 막아내고 사회주의자로부터 프롤레타리아에 대한 지배력을 되찾는 데 필사적이었던 가톨릭계 대중주의자
- 독일에 대한 보복에 무관심한 듯한 정부에 불만을 가진 내셔널리스트
- 바레스가 장악하고자 했던, 내셔널리즘 및 대중주의 성향을 가진 사회주의자

급진적 우파는 사회적으로 폭넓은 호소력을 지녔다. 반유대주의자 마르키 드 모레스(Marquis de Morès)와 같은 몰락한 귀족부터, 파리의 '유대인 소유' 백화점에 분개한 상점주들, 1900년대에 '황색' 노동조합에 가입한, 외국인에게 적대적인

노동자들이 모두 급진적 우파에 우호적이었다.

이탈리아

1859년에서 1870년에 걸친 이탈리아의 통일은, 대중적 내셔널리즘 운동이 아니라 피에몬테 주(州)와 프랑스 연합 세력의 군사 행동을 통해 이루어졌다. 어떤 내셔널리스트들은 이탈리아가 진정한 의미의 통합을 이루지 못했다고 느꼈다. 실제로 이탈리아는 (보수적인) 자유주의자들이 구성한 과두 정부에 의해 통치되었다. 선거권은 제한되어 있었고, 가톨릭교도들은 선거에 참여하기를 거부했다. 통일 과정에서 이탈리아 중부 지역에 대한 교황의 통치권을 상실했기 때문이다. 여기에 1896년의 아비시니아〔지금의 에티오피아〕 전쟁에서의 패배, 의회의 부패, 북부 노동자 계급의 소요, 남부 빈농의 토지 점거 사태가 더해졌고, 1900년에는 왕이 암살되기에 이르렀다.

1901년에 총리로 취임한 진보적 자유주의자 조반니 졸리티(Giovanni Giolitti)는 소요를 억누르는 것만이 능사가 아니라고 보고, 온건한 사회주의자와 가톨릭교도를 그의 정부로 영입하기 시작했다. 내셔널리스트들은 졸리티가 '애국심 없는' 사회주의자들에게 손을 내민 것에 분개했다. 그들은 1910년에 이탈리아 내셔널리스트 연합(Italian Nationalist

Association, INA)을 결성했다. INA는 대기업과 행정부, 학자들로부터 지원을 받았지만, 주로 변호사를 포함한 중간 계층, 특히 교사를 다수 영입했고, 이중 한 명이 훗날의 파시스트 철학자 조반니 젠틸레였다. 교사들은 이미 이탈리아인을 '양성'하기 위한 투쟁에 앞장서고 있었다.

INA는 19세기의 위대한 애국자 마치니(Mazzini)의 내셔널리즘을 환기하면서, 동시에 그것으로부터 자유주의적이고 인본주의적인 요소를 걷어냈다. 그들은 이탈리아의 통합은 오직 권위주의적 국가를 통해서만 가능하다고 역설했다. 또한, 통합을 완성하려면 사회주의 조직을 탄압하고, 대신 새로이 결성된 애국적인 코포라티즘 단체로 노동자를 포섭해야 한다고 보았다. INA는 전쟁을 통한 국가 개조를 도모했다. 지식인 엔리코 코라디니(Enrico Corradini)는 '여성적인' 자유주의와 국제주의가 '남성적인' 활력에 길을 내어줄 것을 촉구했다. 그는 전쟁을 정확한 외교 정책적 목표를 달성하거나 시장 및 원자재를 확보하기 위한 수단으로 보지 않았다. 그는 전쟁이 항구적인 애국심의 발현을 통해 모든 계층을 하나의 국가 공동체로 통합해주리라 기대했다.

INA와 혁명적인 생디칼리슴 운동가들 사이에는 일정 부분 유사성이 있었다. 파업 운동이 실패로 돌아가자, 일부 생디칼리슴 계열 지식인들은 사회주의가 당시의 이탈리아에서 실현

불가능하다고 여기게 되었다. 그들은 프롤레타리아가 권력을 차지하기 위해서는 그전에 반드시 진정한 의미의 국민국가가 형성되어야 한다고 보았고, 전쟁이 이 목표를 이루는 데 도움이 될 거라는 내셔널리스트들의 의견에 동의했다. 어쨌거나 생디칼리스트들은 프롤레타리아보다 '국민'을 더 믿는 경우가 많았다. 후에 무솔리니가 생디칼리스트들의 사상을 부분적으로 받아들였다.

독일

독일에서도 프로이센 군대 덕분에 1866~1871년에 '위로부터의' 통일이 일어났다. 보수적인 엘리트 내셔널리스트들과 우익 자유주의자들이 정부를 구성했고, 이들은 반교권주의, 반사회주의, 반페미니즘을 표방했다.

독일인들 사이에서는 통일이 불완전했다는 믿음이 만연했다. 율리우스 랑벤(Julius Langbehn)이 익명으로 발간한 『교육자 렘브란트Rembrandt als Erzieher』(1890)라는 책에는 푈키셰(völkische) 사상—단일 종족으로 구성된 국민에 뿌리를 둔 내셔널리즘—이 완벽히 표현되었다. 랑벤은 네덜란드의 화가 렘브란트가 사실 그의 동포들과 마찬가지로 인종적으로 독일인이었다고 믿었다. 이 혼란스러운 책 속에서, 렘브란트는 새로운 독일 개혁의 스승으로 묘사되었다.

랑벤은 비전문적인 일반지식인의 전형이었다. 그는 과학이 여러 전문 분야로 '분산'되는 것에 불만을 품었다. 그는 과학을 예술과 결합하고, 건조한 전문적 역사를 민족의 정신적 실체(psychic reality)를 반영하는 역사로 대체할 것을 주장했다. 그는 (만약 베를린의 술집이 모두 공중목욕탕으로 대체된다면 사회주의가 씻겨나갈 것이라며) 동시대의 우생학을 원용하는 한편, 동시에 독일 민간전승에 뿌리내린 예술가-영웅의 신화도 끌어다 썼다. 이 영웅은 정신적 재탄생을 통해 정치적 통일을 완성해줄 것으로 기대되었다.

랑벤은 〔16세기 독일 종교개혁에 뒤이은〕 신개혁의 요구 사항으로서, 정치적 분열의 억제, 더욱 '정력적인' (또한 이단적인) 게르만 기독교의 부흥, 그리고 유대인을 '독'으로 취급할 것을 제시했다. 랑벤의 책은 대단히 잘 팔렸다. 심지어 가톨릭교도들조차 그가 신성모독적인 견해를 피력하고 독일을 개신교 농민과 동일시했음에도 불구하고, 진보 사상에 대한 랑벤의 비판을 환영했다. 랑벤의 책은 1920년대 말에 이르러 다시 팔리기 시작했다. 주목할 만한 사실은, 훗날 있을 나치 제국주의 정책의 전환—아시아·아프리카를 겨냥한 전통적 제국주의 야망으로부터 선회하여, 생활권(lebensraum) 개념과도 연계된 동유럽에서의 팽창을 도모—을, 랑벤이 (혹은 좀더 일반화하자면 급진적 우파가) 한발 앞서 주장했다는 점이다. 랑벤의 기획에는 인종적·사회적·우생학적 개조 방안이 총동원되었고, 그 목표는 경쟁자인 미국, 영국, 러시아에 경제적·군사적으로 필적할 만한 세력권을 형성하는 것이었다.

많은 엘리트 보수주의자들이 급진 우파의 구상을 진지하게 받아들였다. 그들은 극단적 내셔널리스트들과 공통의 적을 가졌기 때문에, 여성해방 저지연맹(League of Struggle Against the Emancipation of Women)이나 반사회민주주의 제국연맹(Imperial League Against Social Democracy)에 동참했다. 그들은 경제적 이익을 보호하기 위해 내셔널리즘의 대중 선동을 활용했다. 이를테면 보호무역 관세에 대한 농민의 동의를 얻어내기 위해 대중주의적이고, 반사회주의적이며, 반유대주의적인 성격의 농업연맹(Agrarian League)을 후원했고, 동쪽의 폴란드인을 몰아내고 새로운 농지를 정복하기 위해 동진회(Eastern Marches Society)를 후원했다. 엘리트 보수주의자들은 급진적 내셔널리스트들이 그랬던 것 이상으로 유럽 바깥의 제국을 중요시했다. 식민주의가 국력 강화와 시장 확장에 도움이 되리라는 믿음으로, 재계 이익단체와 부유한 전문직 종사자, 정부 관료는 범독일인연맹과 해군연맹(Navy League)을 지원했다.

대중적인 내셔널리즘의 영향력은 컸다. 농업연맹은 부분적으로는 여러 농민단체들에 기반을 두고 조직되었는데, 이들 중에는 '농민의 왕'으로 불리던 오토 뵈켈(Otto Böckel)이 이끄는 단체도 있었다. 뵈켈은 농민의 문제가 유대인, 도시, 사제, 의사, 국가, 귀족에 의해 초래되었다고 주장했다. 이러한 불만을 누그러뜨리려는 시도에서, 독일보수당(German Conservative Party)은 1893년 티폴리 전당대회에서 당의 정강에 반유대주의를 추가했다. 마찬가지로, 보수주의 정부는 1896년에 해군 증강 사업을 시작하면서 범독일인연맹의 선전 활동에 기대었다. 그러나 가톨릭교도와 영국에 대한 범독일인연맹의 공격은 정부가 원하는 수위를 넘어섰다. 하인리히 클라스(Heinrich Claβ)가 회장으로 있던 1902년 무렵의 범독일인연맹은, 나라의 근간으로서 국민이 군주제 못지않게 중요하다고 보았다. 1913년에 클라스는 오직 강력한 지도자만이 독일을 구할 수 있다고 주장하고, 그의 구상을 소책자 『내가 카이저라면Wenn ich der Kaiser wär』에 요약했다.

러시아

1905년 혁명 동안, 러시아의 보수주의자들은 사회주의와 소수민족 분리주의의 급성장에 반발했다. 검은100인단이라는 별칭으로 더 잘 알려진 러시아민족연합(Union of the Russian People)이 행정관료와 차르의 후원을 받았다. 그들은 모두 유대인이 혁명을 획책했다는 망상에 빠져 있었다. 당국의 묵인 아래, 검은100인단은 수백 건의 집단학살에 가담했고, 그 과정에서 3000명 이상의 유대인이 죽임을 당했다. 검은100인단은 기성 우파와 공조 관계에 있긴 했지만, 좌파 문제를 제대로 처리하지 못하는 황제의 무능함에 실망했고, '대중에 의한 전제정치'를 도입하고자 했다.

영국

1914년 이전의 영국 보수당(Conservative Party)은 내분이 극심했는데, 의견 피력에 거침이 없던 극단적 내셔널리스트들도 당의 소수 계파 중 하나였다. 자유당(Liberal Party)의 1906년 총선 승리, 자유당 정권에 의한 상원 권한 축소 및 복지국가 정책 도입, 노동당(Labour Party)의 약진, 파업, 여성 선거권을 요구하는 시위 등은 혁명의 전조처럼 보였다. 또한, 아일랜드 자치법(Irish Home Rule Act)의 통과는 왕국의 분할을 예고하는 듯했다. 자치에 반대한 얼스터 지방에서 급진적인 내셔널리즘 운동이 일어났고, 여러 보수당원의 공감을 샀다. 어떤 이들은 독일-유대계 금융가들이 나라를 약탈한다고 주장했다. 런던 이스트엔드에서는 4만 5000명의 회원을 보유한 영국형제단(British Brothers' League)이, 집단학살을 피해 러시아에서 건너온 유대인 난민들을 공격했다.

급진적 우파에서 파시즘으로?

지금까지 살펴본 대로, 급진적 우파에 대한 선별적 조사만으로도 그들의 운동과 사상이 널리 퍼져 있었음을 알 수 있다. 급진적 우파는 파시스트들에게 활용 가능한 모델을 제공해주었지만, 그들의 직접적인 전신은 아니었다. 파시스트들은 영감을 얻기 위해 급진적 우파에게만 의존하지 않았다. 급진적 우파는 이탈리아나 독일에서보다, 파시즘이 한 번도 권력을 장악한 적이 없는 프랑스에서 더욱 활발했던 것으로 보인다. 독일에서 1890년대에 대중주의 성향의 농민단체를 지지했던 지역과 이후 나치를 지지한 지역 사이에도 분명한 연관성이 없었다.

급진적 우파와 파시즘 사이에는 상당한 차이가 있었다. 프랑스 정도를 예외로 하면, 급진적 우파는 대체로 자신들이 직접 권력을 쟁취하기보다는 기존 체제를 강화하고자 했다. 일부 활동가들이 거리에서 정적과 싸움을 벌이기도 했지만, 급진적 우파의 어떠한 단체도 전간기의 특징인 준군사조직을 보유한 적이 없었다. 1900년대 프랑스의 주요 극우 단체였던 악시옹 프랑세즈(Action française)는 소수 정예에 의한 쿠데타를 도모했으며, 가톨릭교회와 고전 미학의 모범을 따라 군주제를 복원하고 질서 있는 정부를 수립하길 원했다.

1차세계대전과 평화조약, 전간기 동안의 경제적 고통은 상황을 근본적으로 바꾸어놓았다. 이 격동기 동안, 국경선을 다시 설정할 미증유의 기회들이 생겨났다. 독일의 경우, 제정 러시아의 붕괴가 생활권 확보의 길을 열어줄 것처럼 보였지만, 그 기회는 '등뒤에서 비수를 꽂은' 신생 사회주의 정부로 인해 곧 수포로 돌아갔다[독일의 우익들은 독일이 전쟁에서 패한 것이 아니라, 권력 쟁취에 눈이 먼 사회주의자들이 조국을 배반하고 휴전협정에 조인했다고 주장했다]. 동맹군이 패한 후 루마니아, 이탈리아, 프랑스 등은 독일과 오스트리아-헝가리 제국에 영토 할양을 요구했다. 이들의 요구가 모두 충족되지는 않았지만, 패전국들은 분개했다. 한편, 러시아 혁명과 때를 같이하여 헝가리, 핀란드, 프랑스, 독일에서 싹트기 시작한 공산주의 운동은 유럽의 보수주의자들에게 엄청난 두려움을 불러일으켰다. 공산주의자들은 자본주의뿐 아니라 가족제도마저도 타도의 대상으로 삼았고, 유럽 전역에 걸쳐서 소수 종족을 지지하고 나섰다.

반공산주의와 파시즘 사이에도 역시나 직접적인 연결 고리는 없었다. 그 반대로, 궁지에 빠진 각국 정부는 전시 동원 체제에 대한 지지를 얻어내기 위해 내셔널리스트, 농민, 사회주의자, 여성들의 요구를 상당 부분 수용했다. 전쟁이 끝난 후, 유럽 전역에 걸친 대중의 불만과 소요가 정부들을 더욱 위협했지만, 그들은 대체로 민주주의를 강화하고 더 많은 요구를 수용하는 방향으로 대처했다.

독일과 이탈리아 등지에서 일어난 새로운 대중 운동은, 이러한 다방면의 위협 세력들에 반대했고, 그들에게 지나치게 유화적인 보수주의자들을 비난했다. 이들 새로운 대중 운동 집단들은 준군사적인 성격을 띠는 경우가 많았는데, 그것은 이들이 참전 용사들의 모임을 기반으로 했고, 전쟁과 내전으로 상처 입은 사람들을 흡수했기 때문이다. 참전병들이 모두 무력을 숭배하지는 않았다. 많은 이들이 평화주의자가 되었다. 그러나 무솔리니의 파시 디 콤바티멘토와 같은 단체의 등장은 분명 전쟁의 소산이었다.

전시 동원 체제의 경험으로 인해 정치가, 지식인, 언론인 사이에서는 과학이나 정부 주도의 계획, 인구 개조 등을 통해 국가의 위상을 회복할 수 있다는 확신이 강화되었다. 이 생각은 경쟁적인 국제 상황 속에서 각국이 생존을 위해 투쟁해야 한다는 사회다윈주의의 명제와 접목되었다. 국력을 보존하기 위한 주된 방안은, 관세 장벽을 세워 경제적 자립을 유지하고, 사회주의를 탄압하여 노동자를 국가 공동체로 통합하고, 여성의 출산을 장려하고, 소수 종족을 동화시키거나 추방하는 것이었다.

1차세계대전이라는 대격변과 뒤이은 위기의 상황들을 고려하지 않고는 파시즘을 이해할 수 없다. 여러 나라가 전쟁과 혁명을 경험했고, 그 경험을 공통된 사상들을 통해 이해했다는 점에서, 이탈리아 파시즘과 유사한 운동들이 복수의 나라에서 서로 독립적으로, 파시즘이라는 명칭을 쓰지 않은 채 생겨났다는 사실은 그리 놀랍지 않다. 어느 나라의 전통도 이러한 변화를 비켜 가지 못했다. 그렇다면 어째서 파시즘은 이탈리아에서 집권에 성공했을까? 이탈리아는 승전국, 독일은 패전국이었다. 물론, 이탈리아인들은 그들의 승리가 '훼손'당했다고 주장했다. 하지만 오래지 않아 프랑스의 내셔널리스트들도 같은 주장을 했다. 이탈리아에서 있었던 전후의 경제 위기는 나중에 대공황이 독일과 영국, 미국에 몰고 온 위기에 비하면 덜 심각했다. 집권 당시 이탈리아 파시스트당은 이후에도 결코 권력을 차지하지 못한 다른 정당들에 비해 오히려 당원이 적었다. 구체적인 상황에 대한 분석만이 이러한 질문에 답해줄 것이다. 파시즘의 이런저런 측면들을 선취한 남녀들은 어느 나라에나 있었다. 그들은 왜 어떤 나라에서는 민주주의에 심각한 위협이 되었고, 다른 나라에서는 그렇지 않았을까?

제 3 장

이탈리아: '철권으로 만든 역사'

1922년 11월 16일, 로마

하원에 파시스트 당원이 32명밖에 없었지만, 무솔리니는 그의 새 내각이 반드시 의회의 승인을 얻어내리라 자신했다. 언론인들의 눈에 무솔리니는 기분이 유쾌해 보였고, 강한 의지와 결단력을 갖춘 인물로 비쳤다. 그는 초라한 복장의 경호원들과 함께 생활하게 된 고급 호텔이 꽤 마음에 드는 모양이었다.

파시즘이 현실적으로 무엇을 의미할지는 불분명했다. 파시스트 행동대(squadristi)인 검은셔츠단(Blackshirts)이 '로마 진군(March on Rome)'을 감행한 것은, 무솔리니가 자유주의자들의 나라에서 그저 또 한 명의 호의호식하는 총리가 되는 걸 보기 위해서가 아니었다. 그들은 철저한 '국가 혁명'을 기대했다.

그러나 무솔리니가 권좌에 오르기 위해 빚진 자들이 검은셔츠단뿐만은 아니었다. 사실 집권 세력인 자유주의자들은 검은셔츠단이 수도 로마로 진군하기 훨씬 전에 이미 무솔리니에게 총리직을 제안했다. 검은셔츠단과 보수주의자들 중에서 어느 쪽이 정국의 주도권을 차지할 것인가?

여기에 무솔리니 자신이라는 또다른 변수가 있었다. 그는 『타임스』지의 한 기자에게 자신은 빈곤층의 생활 수준을 향상시킬 계획이며, 부르주아지는 낭패를 보게 될 거라고 말했다. 어떤 이들은 그가 자신을 '반동주의자들의 군주'로 선포하고 특수 경찰부를 둘 거라고 했다. 혹은 그가 새로운 국가 공동체를 만들고 국민을 제멋대로 휘두를 심산이라고도 했다. 무솔리니는 자유주의 정치인들을 경멸하는 만큼이나 그의 수하들을 무시했다.

무솔리니의 의회 연설 내용도 상황을 명확히 해주지 못했다. 그는 헌정 체제가 유지될 것이라며 기득권 계층을 거듭 안심시키는 한편, 자신에게 특별 입법권을 승인해주지 않으면 파시스트 혁명대원들이 움직일 거라며 의원들을 협박했다. 국내외의 관찰자들은 이탈리아에서 무언가 유례없는 사건이 일어났다고 느꼈지만, 그것이 무엇인지는 명확히 알지 못했다.

집권에 이르는 과정

참전파들의 뜻대로, 이탈리아는 1915년 1차세계대전에 뛰어들었다. 그러나 그들이 기대했던 국가 통합의 효과는 나타나지 않았다. 이탈리아 사회당은 유럽 다른 지역의 사회주의자들과 달리, 끝까지 반전 노선을 유지했다. 노동조합 가입률이 올랐고, 파업은 헤아릴 수 없이 잦았다. 60만 명 이상의 병사들이 전사했고, 패전에 패전이 이어졌고, 사기 저하가 전군에 만연했다. 전쟁은 또한 정상적인 성 역할의 전도를 조장하는 듯했다. 예전에 남성이 하던 일을 부분적으로 여성이 맡게 되었기 때문이다. 군인들은 여성들이 전시 지원 활동보다는 남성의 부재에서 이득을 챙기는 데 더 관심이 많다고 믿었다.

1917년 10월의 카포레토 패전이 뒤늦게 여론을 자극했고, 덕분에 이탈리아는 남은 기간 전쟁을 버틸 수 있었다. 평화 조약을 통해 이탈리아는 오스트리아로부터 많은 영토를 할양받지만, 내셔널리스트들이 기대한 만큼은 물론 아니었다. 분노한 단눈치오는 1919년 9월, 한 무리의 참전 용사를 이끌고 아드리아 해에 접한 항구도시 피우메를 점거했다. 그들은 1920년 12월에 해산되었다(지도 1).

계속된 사회 불안이 내셔널리스트들의 분노를 더욱 돋웠다. 1918~1920년의 이른바 '붉은 해(Red Years)' 시기에, 북부 도시에서는 공장 점거를 동반한 파업이 빈번했고, 포 계곡 지역

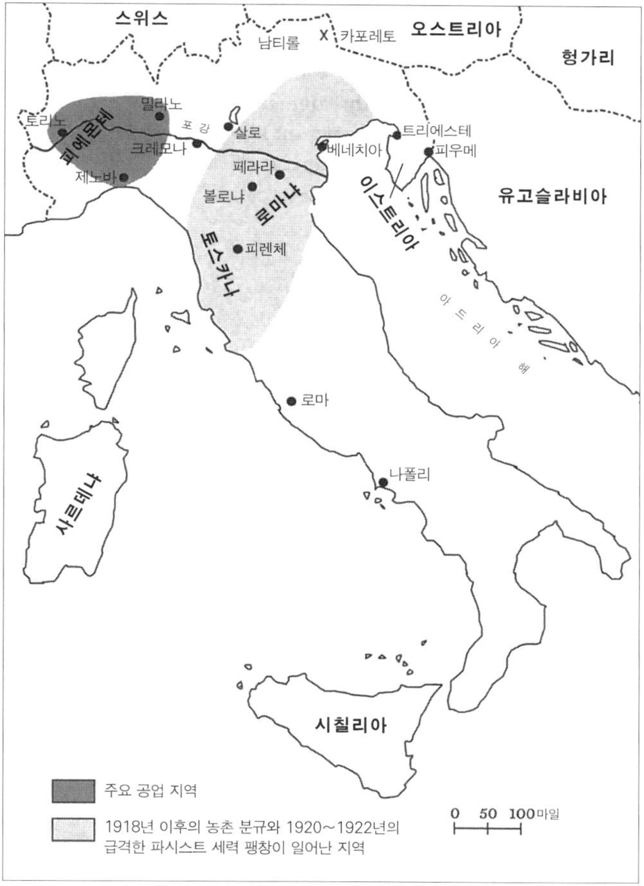
스위스
남티롤
카포레토
오스트리아
헝가리
밀라노
토리노
피에몬테
포 강
살로
크레모나
트리에스테
베네치아
피우메
제노바
페라라
볼로냐
로마냐
이스트리아
유고슬라비아
토스카나
피렌체
아드리아 해
로마
사르데냐
나폴리
시칠리아
주요 공업 지역
1918년 이후의 농촌 분규와 1920~1922년의 급격한 파시스트 세력 팽창이 일어난 지역
0 50 100마일

지도 1. 이탈리아

에서는 소작농들과 농촌 노동자들이 파업에 참가했으며, 남부 지방에서는 땅 없는 노동자들이 미개간지를 점유했다. 국경 지역에서는 슬라브계와 독일계 소수족이 자치를 요구했다. 페미니즘 운동은 여성의 전시 역할로 인해 더욱 활력을 띠었고, 하원은 (비록 입법화로 이어지지는 않았으나) 여성의 선거권을 승인했다.

1919년 총선에서, 사회당과 가톨릭계 정당이 의석을 크게 늘렸다. 자유주의자들은 〔정교분리를 옹호했으나〕 가톨릭계의 도움으로 몇 차례 연정을 수립하는 데 성공했다. 하지만 이들 정부는 졸리티를 위시한 절충론자와 강경론자, 가톨릭교도와 정교분리론자, 그리고 참전파와 중립파 사이의 분열로 인해 기능이 마비되었다. 의회가 통상적으로 위기에 대처하는 방법, 즉 정파 간 새로운 연대의 구성이 불가능해졌다. 공장과 농촌 지역의 소요 사태와 엘리트 계층의 분열로 인해 기존의 정치적 대응이 불가능해지고, 비정상적으로 유동적인 상황이 펼쳐졌다. 가능한 대안을 파악하기가 더 힘들어졌고, 선택의 결과를 예측하기가 더 어려워졌다. 그렇다고 해서 사람들이 비이성적으로 행동한 것은 아니었다. 파시즘이 성공한 원인은, 사람들의 비합리적인 선택 때문이 아니라, 그것이 의회정치적 수완과 대중 동원을 결합했기 때문이다.

파시즘의 도약은 1921년, 농민 소요로 혼란한 지역에서 시작되었다. 젊은 농촌 부르주아지 중에서 많은 사람이 파시즘 운동에 참여하기 시작했다. 이들은 영지 관리자의 아들이거나, 작은 마을의 관리, 교사 등이었고, 많은 경우 참전 용사였다. 이들이 보기에 파시즘은 정부가 제공해주지 못한, 사회주의 및 가톨릭 세력을 배격할 방안을 제시해주었다. 소농이나 땅 없는 인부 중에서도 보수적인 이들은 당국이 그들을 좌파로부터 지켜주지 못한다고 생각했고, 상당수가 파시스트 운동을 지지했다. 파시스트 행동대는 가톨릭교도와 특히 사회주의자에게 정치 테러를 가했고, 수백 명의 목숨을 앗아갔다. 이와 동시에 파시스트들은 베네치아 줄리아에서 슬라브계 소수족과 전투를 벌였으며, 도시 지역에서 세력을 확장하여 7월 총파업 진압에 기여했다. 1922년까지 파시스트들은 여러 농촌 지역에서 사실상 행정 기능을 접수했고, 25만 명 이상의 당원을 보유하기에 이르렀다.

파시스트 운동 내부에서는 이미 갈등이 일어나고 있었다. 지주들과 기업가들은 파업 진압을 위한 정부의 지원은 단념한 채, 파시스트 행동대를 독려하고 이동에 드는 연료비를 지급했다. 다른 파시스트들은 부르주아지의 '여성스러운' 나약함을 경멸했다. 그들은 나라의 적을 격퇴하기 위해 필요하다면 무엇이든 할 태세가 되어 있는, 전쟁으로 단련된, 남성스러운 엘리트 세력이 부상했음을 선언했다. 다른 이들 눈에는 부르주아지로 비쳤을지 몰라도, 파시스트들은 부르주아지의 무위도식을 맹렬히 비난했고, 자신들을 행동하는 사람들—나라를 통치하고 새로운 이탈리아를 건설할 '능력 있는' 사람들—의 대표로 보았다. 파시스트들은 보수적인 내셔널리스트들과 공조 관계에 있었지만, 그들과 거리에서 싸움을 벌이기 일쑤였다. 무솔리니는 여전히 사회주의자들과의 관계를 완전히 끊어내고 싶지 않았다. 부유층은 사회주의 및 가톨릭계 단체들의 와해를 보는 것만으로 만족했지만, 파시스트들은 자체적인 노동조합을 조직하기 시작했다. 그들은 일부 농민들과 노동자들 사이에 이미 존재하던 보수성을 활용하는 한편, 당근과 채찍을 활용하여 더 많은 이들을 파시스트 노동조합으로 끌어들였다. 1921년 말에 파시스트당(Partito Nazionale Fascista; PNF)이 정식으로 출범하고 군주제와 자유경제 체제를 지지하자, 보수주의자들은 비로소 마음이 놓였다.

1922년 여름에 이르자, 권력 장악을 요구하는 파시스트 운동 기층으로부터의 압력이 거세졌고, '로마 진군'을 위한 계획이 수립되었다(그림 2). 무솔리니는 군부와 잔존 좌파 세력이 저항한다면 쿠데타가 실패로 돌아갈 위험이 있음을 잘 알고 있었다. 그가 성공할 수 있었던 것은, 오직 그만이 대중 운동과 의회 정치를 연결했기 때문이다. 무솔리니는 그의 언론 활동을 이탈리아의 국제적 위상에 관련된 내용으로 국한함으로

2. 로마 진군: 무솔리니와 그 부하들이 로마에 도착했다. 왼쪽부터 이탈로 발보(Italo Balbo), 무솔리니, 체사레 마리아 데 베키(Cesare Maria De Vecchi), 에밀리오 데 보노(Emilio De Bono). 1922년 10월 28일.

써 조심스럽게 국가적 인물로서의 이미지를 구축했고, 경쟁자 단눈치오가 피우메 사태로 인해 위신이 실추된 데서도 덕을 보았다. 무솔리니는 대중 운동에 권위를 행사할 수 있고 국가적 명성을 갖춘 유일한 인물이었다.

자유주의 정치인들은 난감한 선택에 직면했다. 만약 파시스트들이 저항하면 군과 경찰은 싸우기를 거부할 소지가 있었다. 설령 파시스트들이 격퇴된다 하더라도, 그것은 오히려 좌파에게 득이 될지도 모를 일이었다. 결국 정치인과 기업가, 군은, 비록 파시스트들이 차지한 의석은 몇 안 되었지만, 그들을 조각(組閣)에 참여시키는 편이 좋겠다고 결론지었다. 그들은 파시스트의 연정 참여로 인해 좌파에 대한 당국의 입장이 강경해지고 정치 체제가 활력을 되찾을 수도 있겠다고 생각했다. 무솔리니는 1922년 10월 29일에 총리가 되었다.

권좌의 파시즘

행정부와 군의 지원을 등에 업은 파시스트들은 아무런 제지 없이 좌파를 공격했다. 그들이 적에게 가한 극단적인 폭력은 이후 이탈리아인들이 새 정권에 보인 '동의'를 논의할 때 반드시 기억해야 할 사항이다. 가톨릭계 정당인 포폴라리(Popolari)는 나치 행동대의 공격과 교황의 지지 철회라는 이

중고 속에 1923년에 해체되었다. 무솔리니는 교황에게 포폴라리에 대한 지지 철회의 대가로 교회 위상의 향상을 약속했다. 이 밖에는 파시즘이 무엇을 대변하는지 불분명했다. 우리는 다소 인위적이긴 하지만 〔보수주의, 내셔널리즘, 급진주의라는〕 세 가지 가능성을 상정해볼 수 있다. 그러나 파시즘과 셋의 연대 관계는 사안에 따라 달라졌다.

파시스트당은 이제 정부를 구성하고 있었기 때문에, 당의 좌파 탄압과 자유 경제 옹호에 안심한 보수주의자들의 입당이 줄을 이었다. 그들은 무솔리니가 질서를 바로잡아줄 것으로, 그리고 그후에는 '정상화'가 뒤따를 것으로 기대했다. 그들은 권위주의가 가미된 구체제를 원했고, 그 안에서 자신들의 사회적·정치적 힘이 보장되기를 바랐다. 그러나 그들은 의원내각제와 다소간의 정치적 자유가 자신들의 영향력을 유지하는 데 필수적이라고 믿었다. 1923년, 파시스트당은 이탈리아 내셔널리스트 연합(INA)도 흡수했다. INA는 가톨릭교도를 국가 안으로 통합할 것을 오랫동안 주장했고, 더욱 권위주의적인 국가를 원했다. INA는 난동을 부리는 파시스트 행동대를 좋아하지 않았지만, 자체적으로 유사한 조직을 두고 있었다. 다른 무리의 파시스트들은 기성 정치인을 축출할 '제2의 혁명'을 주장했다. 여기에는 생디칼리슴 지식인, 파시스트 노동조합 지도부, 페미니스트, 권력에 목마른 지방 당 간부, 경제

근대화 주창자 등 다양한 급진주의자들이 포함되어 있었다.

독재

무솔리니는 어느 계파도 확실하게 편들어주지 않았다. 하지만 그는 선거법을 개정하여 파시스트들이 1924년 선거에서 의회 다수 석을 차지하도록 만들었다. 선거 운동중에 파시스트들은 어김없이 사회주의자들에게 테러를 가했는데, 그 도가 지나친 나머지 통합사회당 대변인 자코모 마테오티(Giacomo Matteotti)가 목숨을 잃고 말았다. 무솔리니가 이 범죄에 연루되었다는 혐의가 제기되면서, 심지어 우군인 자유주의자들로부터도 항의가 빗발쳤다. 초기에 무솔리니는 비판자들에게 유화적으로 대응했는데, 그로 인해 오히려 '제2의 혁명'을 요구하는 목소리가 더욱 거세졌다. 파시스트 노동조합은 기업에 대한 압박을 강화했고, 여성 파시스트들은 다시금 선거권을 주장했다.

1925년 1월, 급진주의자들의 압력에 굴한 무솔리니는 순수한 파시스트 정권을 수립하겠다는 계획을 선포했다. 하지만 파시즘은 복합적인 성격을 유지했다. 무솔리니가 무너지면 좌파가 귀환할 것을 두려워한 보수주의자들이 당내 잔류를 결정했기 때문이다. 연말부터 정치적 반대가 금지되었고, 언론의 자유가 박탈되었고, 지방 선거가 중단되었다.

파시즘은 독재 체제로 변했지만, 계파 갈등은 계속되었다. INA를 계승한 이들은 건재했고, 이탈리아인을 국민화하고 규율과 위계를 통해 부르주아 사회를 재건할 강력한 국가를 요구했다. 독일 철학의 영향을 받은 그들은 강력한 국가가 국민 전체의 이익을 대변할 때에만 개인의 자유가 유의미하다고 보았다. INA파는 당이 정부와 군, 공무원 사회를 감독해야 한다는 주장에 반대했다. 그들은 파시스트들이 법을 만들기보다 준수해야 한다고 주장했다.

충직한 INA계 인물인 루이지 페데르초니(Luigi Federzoni)와 알프레도 로코(Alfredo Rocco)는 각각 내무부 장관(1926)과 법무부 장관(1925~1932)을 지내며 정권의 초석을 다지는 데 일조했다. 파시스트의 폭력은 점차 사라졌다. 정부는 INA가 꿈꾸는 '위로부터 동원된 국가'를 실현하려는 방안의 하나로, 자체적인 청년단체와 여성단체를 설립했다. 국왕과 대기업, 지주를 포함한 기득권층은 그들의 영향력을 대체로 유지했다. 1929년에 무솔리니는 교황에게 한 약속을 지켰다. 라테란 협정(Lateran Pact)에 조인한 교황은 세속국가 이탈리아에 대한 60여 년에 걸친 반대를 거두어들였고, 교육 및 청년 사업과 관련해 상당한 권한을 얻어냈다.

크레모나 지부장 로베르토 파리나치(Roberto Farinacci)로 대표되던 농촌의 거친 기층 파시즘은 힘을 잃었다. 1920년대 말 파시스트의 전형적인 이미지는, '될 대로 되라'고 하면서 사회주의자와 격투를 일삼는 젊은 미혼남이 아니었다. 파시스트는 책임감 있는 남편이자 아버지로서 온종일 새 나라 건설에 매진했고, 그의 아내는 이탈리아를 위해 아이들을 낳았다. 이 시기에, 파시즘을 통해 여성의 권익을 신장하고자 했던 이들이나 혹은 코포라티즘 경제 내에서 자치적인 노동조합을 구현하고자 했던 이들은 좌절을 맛보아야 했다(제9장과 제10장 참조).

그러나 급진적인 파시스트들은 결코 주변화하지 않았다. 비록 급진주의 자체가 새로운 의미를 띠게 되었지만 말이다. 파시스트 정권은 전간기 유럽에서 흔히 찾아볼 수 있던 군주-관료 독재 정권이 되지 않았다(제6장 참조). 그것을 막기 위해, 무솔리니는 당을 보수주의자들을 움직이는 지렛대로 활용했다. 당은 독립성을 유지했으며, 줄곧 복지, 교육, 여가를 장악하고자 했고, 동원국가 체제를 지향했다.

당의 총서기가 된 파리나치의 행보는 이중적인 결과를 낳았다. 그는 중앙집권적 독재 체제를 지지함으로써, 뜻하지 않게 급진적인 지방 파시스트들의 운신의 폭을 좁히고 말았다. 그러나 동시에 파리나치는 당이 관료제적 통치 방법을 우회하도록 함으로써 새로운 지배층의 탄생을 이끌었다. 그는 곧 축출되었지만, 후임인 아우구스토 투라티(Augusto Turati)와 아킬레 스타라체(Achille Starace)는 보다 용의주도한 방법으로 그와 같은 목적을 추구했다. 그 결과, 그들이 의도하지는 않았으나, 파시스트당은 〔기존 공무원 조직에 병행적parallel인〕 또하나의 관료 조직으로 팽창했고, 당원증이 공직 진출의 필수 요건이 되었다. 공무원들은 파시즘의 이상에 단지 입에 발린 찬사를 보내는 경우가 많았다. 그러나 문제의 핵심은, 파시스트 국가에서 권력에 다가가려면, 정상적인 관료 선발과 훈련의 과정을 거쳐야 할 뿐만 아니라, 이데올로기적 순응성을 보여야 했다는 것이다. 1932년, 무솔리니는 (1928년 설립된) 파시스트 정치 아카데미 졸업생들이 공직에 기용되도록 요구했다. 파시스트들은 규칙이 아니라 이데올로기를 행정의 바탕으로 삼고자 했다.

실제적으로는, 세력 간 힘의 균형이 존재했다. 파시스트 이탈리아에서 당은 대기업이나 교회, 정부, 군대, 파시스트 노동조합 등 여러 준독립적인 세력 집단 중 하나였다. 이들 사이에는 경쟁과 혼선이 존재했다. 예를 들어, 파시스트 노동자를 위한 여가 선용 단체인 도폴라보로(Dopolavoro)는 원래 국가 기관으로 출발했지만, 노동자들에 대한 파시스트 노동조합의 영향력을 제한하려는 의도에서 당이 1927년에 산하 기관으로 접수했다. 도폴라보로는 그러나 노동자들의 충성을 두고 계속해서 가톨릭계 단체나 파시스트 노동조합과 경쟁해야 했다. 유사한 갈등 관계를 여성단체나 청년단체의 역사에서도 확인할 수 있다.

두체〔Duce, '지도자'를 뜻하는 무솔리니의 칭호〕는 모든 논쟁에서 자기 뜻을 관철하고자 했고, 그래서 늦은 밤까지 서재에서 국정 관련 문서를 꼼꼼하게 살펴보곤 했다. 그가 명목상 여덟 개 부서의 장관직을 겸한 시기도 있었다. 물론 그는 모든 것을 결정할 수 없었다. 그의 개입은 준비 없이 즉흥적으로 이루어졌고, 다른 이들이 재량을 발휘할 여지도 충분했다. 하지만 무솔리니는 체제의 핵심이었다. 그가 원하는 때에 휘두를 수 있는 권력은 막대했다. 그는 수하의 어떤 이들보다 훨씬 큰 대중적 인기를 누렸다. 그들 중 누구도 감히 두체의 의견을 대놓고 거스를 수 없었다. 무솔리니는 특히 외교 분야에서 강력한 권한을 가졌다. 외교는 명백히 그의 독점 영역이었다. 1930년대에 전쟁 준비가 시작되면서, 체제는 〔당의 권력화에 이은〕 또다른 급진화를 경험하게 되었다.

무솔리니의 대외적 모험주의는 세 가지 요소가 중첩된 결과였다. 첫째, 파시스트들은 늘 새로운 영토의 정복을 경제적 문제를 해결하기 위한 최선의 수단으로 보았고, 따라서 전쟁이 본질적으로 나라에 득이 될 것으로 보았다. 둘째, 외교부가 파시즘으로 경도되면서, 전쟁에 대한 경고의 목소리가 무시되었다. 무솔리니식 외교 정책이 파시즘 이전의 이탈리아에도 없지 않았지만, 그의 정책은 파시스트 이데올로기와 결부되었다는 점에서 달랐다. 영토 확장은, 국가 간의 다윈주의적 투쟁의 상황에 비추어, 그리고 늘어나는 인구의 생활권을 확보해야 할 필요성으로 정당화되었다.

셋째, 히틀러의 집권이 상황을 바꾸어놓았다. 처음에 무솔리니는 독일을 위험한 경쟁자로 여겼다. 그는 예전에 이탈리아 파시즘을 따르던 타국의 운동들에 나치가 영향력을 행사하는 것이 못마땅했다. 또한 그는 독일의 팽창주의를 경계했다. 일단 히틀러가 오스트리아를 나치 제국(Reich)에 합병하면, 그후에는 독일계 소수족이 거주하는 남티롤 지방에 눈독을 들일까 두려운 마음이 컸다. 그러나 일부 파시스트들은 좀 더 급진적인 정책에 대한 자신들의 요구를 정당화하기 위해 나치즘을 내세우기 시작했다. 이탈리아와 독일의 영향관계가 전도된 것이다. 무솔리니 자신도, 히틀러와의 동맹이 지중해와 아프리카에서 영국과 프랑스를 누르고 이탈리아의 세력을 확장할 수 있는 유일한 방법이라는 것을 곧 깨달았다. 이탈리아 군대가 1935년 아비시니아를 침공했을 때, 오직 독일만이 이탈리아를 지지해주었다. 무솔리니와 히틀러는 1936년에 추축동맹(Axis Alliance)을 맺었다. 이듬해 베를린을 방문한 무솔리니는 '파시즘과 나치즘은 우리 두 나라 국민의 삶을 연결하는 대칭적인 역사적 상황을 나타낸다'고 선언했다. 파시스트와 나치는 프랑코 장군을 도와 에스파냐 내전(1936~1939)에 참전했다. 이탈리아는 1940년에 (독일의 승리가 확실해진 후) 독일의 프랑스 침공에 합류했고, 1941년에는 그리스를 침략하고 이집트로 진군하기 시작했다.

이탈리아 파시스트들은 대공황의 시련과 독일과의 연대라는 조건 속에서 나라를 전시 체제로 개편해야 했다. 결과적으로 그들의 우선순위와 계파 관계가 조정되었다. 경제적 자급자족을 위해, 정권은 경제 규제를 강화하고 사생활에 대한 간섭을 늘렸다. 무솔리니는 스파게티를 먹는 민족은 로마 문명을 재건할 수 없다면서, 국민에게 수입 파스타 대신 국내산 쌀의 소비를 권장했다. 한편, 국영 지주회사인 산업재건공사(Istituto per la Ricostruzione Industriale, IRI)는 부실기업들에 대한 사실상의 경영권 인수를 시작했다. 1936년에는 대형 은행들이 국유화되었다. 이러한 조치들은 대기업에는 위해가 되지 않았다. 사실 그들은 중소기업의 희생으로 이득을 보았다. 하지만 어쨌거나 재계는 그들이 파시즘의 집권을 도움으로써 피할 수 있을 것으로 기대했던, 국가의 통제라는 그물망 안으로 얽혀들게 되었다.

국민을 동원하려는 노력도 전시에 더욱 강화되었다. 1931~1939년 서기를 지낸 스타라체의 주도 아래, 파시스트당은 '대중 속으로' 들어가 수많은 여성과 학생을 모집했다. 스타라체는 대규모 군중집회 현장에 무솔리니에 대한 숭배 의례를 도입했고, 도폴라보로를 통해 노동자의 여가 생활을 규제하는 데에도 각별한 관심을 기울였다. 파시스트 정권이 인종주의를 수용할 가능성은 이미 1935년의 아비시니아 침공에서 드러났다. 루마니아와 헝가리의 파시스트 정당에 대한 독일의 영향을 견제하기 위해, 무솔리니는 두 나라의 반유대주의자들과 유대를 강화하고자 했다. 1938년에 이탈리아에서 반유대적인 법령이 도입되었던 것은, 나치즘을 모방하려는 동기만큼이나 나치즘과의 경쟁심이 작용했던 결과다. 많은 이들이 반유대주의에 대해 의구심을 가졌지만, 파시스트 정권은 결국 홀로코스트에 가담했다.

이상에 열거된 조치들에 담긴 전체주의적 의도는 명백하다. 그러나 소기의 목적은 거의 달성되지 못했다. 정책 시행은 주먹구구식이었고, 그렇지 않았더라도 이탈리아는 어차피 사회 전체를 통제하는 데 필요한 기반 시설을 갖추지도 못한 상태였다. 설상가상으로, '대중 속으로'라는 구호는 재계, 교회, 국왕에게 정권에 대한 경각심을 불러일으켰다. 그 전략은 대중의 마음을 얻는 데도 실패했다. 전쟁이 가져온 패배와 공습, 식량 부족으로 인해 민심은 싸늘해졌다. 체제의 선전과 실제적 성취 사이에 분명한 간극이 있었다.

이탈리아의 전시 동원화는 그다지 인상적이지 못했다. 국민은 전쟁의 의사가 없었다. 그리스와 북아프리카를 침공한 무솔리니의 병력은 독일의 도움으로 가까스로 적진을 빠져나왔다. 1943년에 연합군이 이탈리아로 진격하자, 국왕과 파시스트 대평의회(Fascist Grand Council)가 공모하여 무솔리니를 파면했다. 이탈리아는 전쟁터가 되었고, 독일이 북부를, 연합군이 남부를 점령했다. 두체는 감금되었지만 곧 독일군의 도움으로 탈출했다. 독일은 이탈리아 북부에 살로 공화국(Salò Republic)을 세우고 무솔리니를 수장으로 앉혔다. 파시스트 잔당은 나치즘의 영향을 강하게 받은 '순수한' 형태의 파시즘을 구현하고자 했고, 레지스탕스를 상대로 무장 투쟁을 벌였다. 양편의 싸움은 치열했다.

제 4 장

독일:
인종주의 국가

1933년 3월 23일, 독일

의회는 베를린 중심부 티어가르텐에 위치한 크롤 오페라 극장에서 개회되었다. 의사당 건물은 몇 주 전에 전소되었다. 회의장 안 단상에는 내각과 의장이 자리했고, 그 뒤로 거대한 스바스티카[swastika, 꺾어진 십자 표시] 깃발이 걸렸다. 회의장 안으로 들어서기 위해, 의원들은 스바스티카 완장을 두른 무례한 청년들 틈바구니에서 한바탕 곤욕을 치러야 했다. 그들은 회의장 앞의 널찍한 공간에 몰려서서 지나가는 의원들에게 '중도파 돼지'니, '마르크스주의자 암퇘지'라며 욕설을 퍼부었다. 공산당 의원들은 의사당 건물 방화에 당이 개입되었다는 혐의 때문에 모두 수감된 상태였다. 몇몇 사회민주당(사민당, SPD) 의원들 역시 구금되었고, 일부는 건물 안으로 들어서다가 체포당했다. 나치 돌격대원들은 사민당원들 뒤로 열을 지어 섰고 출입구를 막았다.

그날의 의제는 단 한 가지, '수권법(Enabling Act)'이었다. 즉 총리에게 의회의 동의 없이도, 심지어 합헌 여부와도 관계없이 법을 제정할 수 있는 권한을 위임하는 것이었다. 수권법은 개헌을 전제로 했으므로 3분의 2 이상의 동의가 요구되었고, 따라서 나치는 보수주의자들의 지지가 필요했다. 수권법을 발의하는 연설에서, 히틀러는 보수주의자들에게 의회의 존립과 그들의 구심점인 힌덴부르크(Hindenburg) 대통령의 지위를 보장했다. 보수주의자들은 수권법에 찬성표를 던질 것으로 짐작되었다.

얼굴을 깊게 찡그리며, 히틀러는 자신의 연설문을 보기 드물게 침착한 태도로 읽어나갔다. 의사당 방화범의 공개 처형을 요구하고 사회주의자들을 험악하게 협박하는 대목에서만 그의 악명 높은 광기가 터져나왔다. 히틀러가 연설을 마친 후, 나치당원들은 우레와 같은 목소리로 국가를 합창했다.

반대 연설에 나선 사민당의 오토 벨스(Otto Wels)가 용기 있게 '인간성과 정의, 자유와 사회주의의 원칙'을 상기시켰다. 프랑스 대사의 기억에 따르면, 벨스가 말하는 모습은 마치 매 맞은 어린아이와 같았다. 감정에 복받쳐 목이 멘 채로, 그는 이미 강제 수용소나 감옥에 갇힌 이들을 기억하며 연설을 마무리했다. 열심히 메모를 하던 히틀러는 격정적으로 반격에 나섰다. 지난 14년 동안 나치를 박해한 건 바로 사회주의자들이었다는 것이다. 그러나 사실 나치는 위법 행위에 대해 경미한 처벌을(혹 처벌이 있었다면) 받았을 뿐이었다. 사민당원들이 야유를 보냈지만, 그들 뒤에 서 있던 나치 돌격대원들은 "내일 당장 목매달려 죽을 줄 알라"며 낮고 거친 소리로 협박했다.

'수권법'은 찬성 444표로 사민당원들의 반대 94표를 누르고 통과되었다. 이로써 법치가 끝나고, 퓌러〔Führer, '지도자'를 뜻하는 히틀러의 칭호〕의 의지에 따르는 새로운 통치 체계의 기반이 마련되었다. 사실상 수권법은 '독일 국민의 이익을 신장'하기 위해 합당한 어떠한 조치든 취할 수 있고, 제국의 적으로 간주되는 세력이라면 누구든 공격할 수 있도록 나치에게 전결의 권한을 부여했다. 나치의 다음 희생자는 사회주의자들이었다.

나치즘과 파시즘

히틀러와 무솔리니의 집권 과정에는 명백히 유사점이 있다. 두 경우 모두 좌파에 대한 준군사조직의 테러, 보수주의자들과의 거래, 의원내각제의 존립에 대한 보장이 있었다. 나치는 집권 전에는 파시스트들보다 훨씬 덜 폭력적이었으나, 이후에

3. 파시스트 순교자의 무덤에서 카메라에 잡힌 히틀러와 무솔리니. 1938년 10월 10일, 피렌체.

는 비교할 수 없을 정도로 큰 폭력을 저질렀다(그림 3).

나치즘이 파시즘의 한 형태인지 아닌지는 여전히 해결되지 않은 문제다. 왜냐하면 파시즘을 어떻게 정의하느냐에 따라 답이 달라지기 때문이다. 나치의 인종적 순수성 추구는, 이탈리아 파시즘과의 유사성을 강조하는 관점에 의해서는 설명되지 않는다. 그러나 나치즘과 이탈리아 파시즘의 유사성에 대해서는 부연이 필요하다. 둘 사이의 유사성은 경제적·사회적 구조와 사상이 국경을 넘나든다는 사실, 따라서 여러 나라의 정치인들이 유사한 문제들에 대해 유사한 방식으로 대응했다는 사실에 기인한다. 세계대전이라는 전면전의 경험이 횡국가적이었음을 고려한다면, 전후에 유사한 준군사조직, 내셔널리스트 단체, 반사회주의 단체 등이 여러 나라에서 독립적으로 생겨났다는 사실은 그리 놀랍지 않다. 사상과 정책의 국제적 교류는 이후에도 상호 방문과 신문 보도, 번역을 통해서 계속되었다. 무솔리니의 집권 이후, 이탈리아 파시즘은 곧 여러 나라에서 모방의 대상이 되었다.

이탈리아 파시즘이라는 원본과 일치하는 모방본은 없었다. (그러나 국가별 차별성은 횡국가적인 정형성을 크게 거스르지 않았다.) 첫째, 파시즘을 모방한 운동들은 일정한 영토를 점한 개별 국가 안에서 권력을 장악하는 것을 주된 목표로 삼았고, 마찬가지로 대내적인 지향성을 가진 다른 운동들과 경쟁했다.

정치의 규칙이 국가별로 달랐기 때문에—예를 들어, 이탈리아는 남성의 선거권에 바탕을 둔 입헌군주제였고, 독일은 여성도 투표에 참여하는 공화국이었다—정당들의 위치잡기 전략 역시 달랐다. 둘째로, 많은 파시스트들이, 유보 사항들을 여럿 두긴 했지만, 국가가 가장 중요한 형태의 사회적 연대라고(혹은 그래야 한다고) 믿었다. 따라서 그들의 사상이 사실은 다양한 출처로부터 재활용된 것들임에도 불구하고, 그들은 '국가적' 이미지를 구축하기 위해 애썼다. 우리는 또한 나치와 이탈리아 파시스트들이 서로 모방한 만큼 서로 경쟁하기도 했음을 살펴볼 것이다.

집권에 이르는 과정

패전의 와중에 일어난 군주제 붕괴 및 바이마르 공화국(Weimar Republic) 탄생의 배경에는 거대한 정치적·사회적 동원 과정이 있었다. 그 과정에서 이탈리아 파시즘과 유사하지만 그와 별개인 몇몇 단체들이 나타났다. 그중 하나인 자유군단(Freikorps)은 제대한 참전 용사들을 결집해 사회주의자, 공산주의자, 폴란드인 등의 이민족을 공격했다. 1920년 3월, 범독일인연맹 출신 볼프강 카프(Wolfgang Kapp)는 자유군단의 에르하르트(Ehrhardt) 해병여단을 이끌고 베를린으로 진격해 쿠데타를 일으켰다. 나치는 후에 이 자유군단으로부터 영감을 받았다고 주장했다. 자유군단은 공산주의자에 대해 폭력을 행사했다는 점에서 분명 파시즘과 닮았고, 동유럽 영토에 대한 독일의 권리를 주장했다는 점에서 나치즘과 유사했다. 그러나 이탈리아 파시스트들의 경우와 달리, 자유군단에는 생디칼리스트나 노동조합 운동가가 없었고, 자유군단에 반유대주의는 훨씬 더 중요한 의미가 있었다. 자유군단은 군주제에 대한 향수와 국민이 곧 국가라는 신념 사이에서 동요했다.

오스트리아 태생의 유훈 참전 용사 아돌프 히틀러는 당시 독일 노동자당(German Workers' Party)의 일원이었다. 노동자당은 뮌헨에 기반을 둔 작은 조직이었는데, 1920년에 국가사회주의 독일 노동자당(National Socialist German Workers' Party, NSDAP)으로 이름을 바꾸었다. 히틀러는 당의 가장 뛰어난 대중 연설가로서 명성을 얻었고, 1921년에는 당의 절대적인 지도자가 되었다. 지도자 숭배의 뿌리는, 이를테면 '국민의 카이저' 개념과 같은 독일 전통에서도 찾을 수 있지만, 바이에른주(州)의 언론은 히틀러를 독일의 무솔리니로 묘사하기도 했다. 히틀러는 1923년 1차세계대전의 영웅 에리히 루덴도르프(Erich Ludendorff) 장군과 함께 맥주 홀 반란(Beer Hall Putsch)을 일으킨 후, 자신이 두체의 선례를 따랐다고 말했다.

반란의 실패로 감옥에 갇힌 히틀러는 그의 사상을 자전적

저서 『나의 투쟁Mein Kampf』에 담았다. 그는 '유대-볼셰비키' 러시아로부터 동유럽의 생활권을 쟁취하는 것이 독일의 사명이라고 믿었다. 이 사명을 완수하려면 인종의 적과 민주주의를 박멸함으로써 독일인의 퇴락을 막아야 했다. 생활권의 확보는 인종적으로 순수한 국가에서 국민을 하나로 통합하는 데 필요한 자원을 제공해줄 터였다. 대내 정책 목표와 대외 정책 목표가 상호 의존적이었다.

히틀러의 주장에는 유럽 문화의 바그너적 지류와 더불어, 19세기의 사회다윈주의, 제국주의, 인종주의가 혼합되어 있었다. 이러한 사상들은 일부 대학교수와 전문직 종사자 사이에서 과학으로 간주되었고, 강한 사회를 건설하기 위한 기획들을 추동했다. 나치는 또한 이탈리아 파시즘의 면면을 끌어 썼다. '히틀러 경례'도 그렇게 해서 만들어졌는데, 나치 운동에서 히틀러의 권위를 강화하는 데 유용했다. 히틀러가 집무실에 무솔리니의 흉상을 둔 것도 같은 목적에서였다.

히틀러가 집권하기까지는 무솔리니보다 더 긴 시간이 필요했다. 나치즘을 단순히 위기 상황과 국민의 '혼돈'이 낳은 결과라고 볼 수 없는 이유가 여기에 있다. 독일이 겪은 1차세계대전 이후의 격변은 결코 이탈리아 못지않았다. 극우주의자들 외에도 꽤 많은 사람이 독일이 베르사유에서 당한 처사에 분노했고, 패전의 책임이 '등뒤에서 비수를 꽂은' 사회당에 있다고 생각했다. 사회주의자들의 소요와 1919년 총선 승리로 인해, 그들의 불만은 더욱 고조되었다. 하지만 바이마르 공화국은 무너지지 않았다. 주요 정치 세력의 지지가 유지되었기 때문이다. 이탈리아에서와 달리 독일의 사회주의자들은 정권을 옹호했고, 〔공무원이 가세한〕 총파업으로 인해 카프의 쿠데타는 실패로 끝났다. 쿠데타의 성공을 위해서는 군의 도움이 필수적이었지만, 영국과 프랑스가 독일에 내셔널리스트 정권이 들어서는 것을 용인하지 않으리라고 판단한 군은, 당분간 민주주의를 받아들이기로 했다.

1920년대에 바이마르 공화국은 비교적 안정적이었다. 경제가 어느 정도 호전되었고, 중도 세력의 연합을 통해 그런대로 통치의 일관성이 유지되었다. 프랑스, 영국과의 관계가 개선되자 동부의 영토를 수복할 수 있겠다는 희망도 생겼다. 정치 폭력은 거의 진정되었다. 그러나 공산당(KPD)은 '부르주아' 바이마르 공화국을 절대 인정하지 않았고, 내셔널리스트들의 독일 국민당(DNVP)은 여전히 군주제를 옹호했다. 참전 용사들의 준군사 단체인 철모단(Stahlhelm)은 개신교 중심의 지방 부르주아 사회에 든든히 기반을 잡았고, 사민당과 공산당, 기성 우파를 적대했다. 1930년대에 나치에 표를 주게 될 많은 이들은 1920년대부터 이미 대중주의와 극단적 내셔널리즘을 옹호하고 있었다.

이들은 공화국이 이기적인 재력가들과 영합했다고 비판하며 나라 전체를 위한 '국가적인' 정책을 요구했지만, 역설적이게도 그들 자신의 이권이 보호되어야 한다고 주장했다. 각 이익단체는 국익(실은 그들의 이익)을 최우선으로 두지 않는 다른 단체들을 힐난했다. 바이마르 정치는 무질서 상태로 빠져들었다. 나치가 성공할 수 있었던 이유는, 그들이 개별적 이해관계를 국가 아래 복속시킬 수 있음을 다수 유권자에게 납득시켰기 때문이다.

1929년 미국 경제의 붕괴는 취약한 독일 사회에 심각한 파장을 몰고 왔다. 불황으로 기업이 도산하고, 농가의 부채가 늘어나고, 대량 실업이 발생했다. 바이마르 공화국은 가까스로 유지하던 정당성을 잃었고, 보수주의자들은 노동자, 페미니스트, 유대인 등에게 관대한 정부의 편향성을 더는 참을 수 없다고 느꼈다. 약 600만 명에 달하는 실업자 중 다수가 그들을 도탄에 빠뜨린 것처럼 보인 정부 대신 공산주의로 기울었고, 일부는 갈색셔츠단(Brownshirts)에 가입했다. 공산당은 나치와 더불어 선거에서 득표수를 늘렸다. 의회 정치가 작동을 멈추었고, 1930년부터 정부는 〔의회의 승인이 필요 없는〕 대통령령에 의존해 통치할 수밖에 없었다. 군은 연합국을 더는 두려워하지 않았고, 상시로 정치에 개입했다. 독일의 민주주의는 히틀러가 집권하기 훨씬 전부터 빈사 상태에 빠져 있었다.

1923년 반란으로 감옥에 갇힌 동안, 히틀러는 자신의 실패에 비추어 이탈리아의 선례를 되짚어보았다. 그리고 그는 오로지 선거를 통해서만 집권이 가능하리라는 결론에 다다랐다. 초기의 선거운동은 주로 공업 노동자를 겨냥했고, 그들과 공산당을 유리시키는 것을 목표로 했다. 그러나 1928년 선거에서 나치는 농업의 위기로 고통이 컸던 개신교 농민들로부터 예상 밖의 표를 얻었다. 이후 나치의 선전 활동은 보수 유권자를 좀더 집중적으로 겨냥했고, 이 전략이 유효하여 1930년 선거에서 약진을 이루었다. 일단 나치즘이 대중의 힘을 등에 업자, 무솔리니가 관심을 보이기 시작했다. 로마에서 온 그의 특사가 히틀러에게 전략적인 조언을 주기도 했다. 어쨌거나 히틀러는 무솔리니의 성공 비결, 즉 선거와 협박의 결합을 간파했다.

그러나 사회주의자, 공산주의자, 가톨릭교도에 대한 나치의 협박 공세는, 훨씬 많은 인명을 희생시킨 이탈리아 검은셔츠단의 경우와는 비교가 되지 못했다. 나치는 공공장소에서 난투극을 벌이는 데 전혀 주저함이 없긴 했지만, 그들의 거리행진은 대체로 상징적인 보여주기 행사였다. 이러한 행사를 통해서 나치는 그들이야말로 질서를 바로 세우는 데 필요한 힘과 기강을 모두 갖춘 유일한 조직이라는 인상을 심어주었다. 이와 동시에 나치는 기득권 세력에 대항하는 전략을 취했다.

그들은 보수 정권은 나약하고 국민과 동떨어진 반면, 자신들은 진정한 국민의 대변자라고 선전했다.

나치의 이러한 대중주의적 메시지는 한때 보수주의자였던 이들에게 특히 강한 호소력을 발휘한 것이 사실이다. 그러나 나치는 다른 정당에 비해 더 폭넓은 유권자의 지지를 받았다. 그들의 총득표수 중에서 (절반에는 못 미치나) 꽤 의미 있는 표수가 사회주의 성향의 유권자에게서 얻은 것이었다. 그들은 또한 남녀 모두에게서 거의 비슷한 정도의 지지를 끌어냈다. 독일 노동자의 4분의 1 정도가, 특히 소도시의 소규모 기업에 속한 이들이 1932년 7월 선거에서 나치에 표를 준 것으로 추정된다.

이처럼 상대적으로 폭넓은 지지를 받긴 했지만, 나치는 1932년 7월 선거에서 37퍼센트의 득표율을 보이면서, 단독정부를 구성하는 데 필요한 의석수를 확보하는 데 실패했다. 그리고 11월에 치러진 다음 선거에서는 200만 표를 잃었다. 더군다나 보수 정치인과 (재계와 군, 지주를 포함한) 엘리트 세력은 공화국에 적대적이긴 했지만 나치를 신뢰하지도 않았다. 그들은 나치를 '갈색 볼셰비키'라 불렀고, 자기들의 손으로 권위주의적인 정부를 운영하고 싶어했다. 그런데 문제는, 당시 독일의 엘리트층이 어떤 정부도 대중의 지지 없이는 버티기 어려울 것이라고 (옳든 그르든) 믿었다는 것이다. 이 믿음은 심지어 반동적인 우파들의 사고에도 이미 '민주적인' 가정들이 스며들어 있었음을 보여준다. 또한, 군이 공산주의자와 나치 모두를 적으로 두고서는 질서를 유지하기 어려울 것으로 판단했다는 사실을 반영한다. 다른 대안을 찾지 못한 보수주의자들은 결국 1933년 1월 30일, 히틀러를 총리로 만들어주었다. 무솔리니의 경우와 마찬가지로, 오직 히틀러만이 의회 정치와 거리 정치 사이의 간극을 메웠다.

독재

히틀러를 제외하고는 내각에 나치 대표가 2명밖에 없었다. 그러나 경찰 조직 장악과 대통령령에 의한 통치를 통해, 나치는 강력하게 좌파를 탄압할 수 있었다. 의사당 화재 사건은 언론과 집회·결사의 자유를 중지시킬 구실을 제공했다. 나치는 3월 5일 선거에서 기대만큼의 성과를 얻지 못했지만, 국민당의 협조로 '수권법'을 통과시킬 수 있었다. 뒤이은 몇 주 동안, 노동조합이 금지되었고, 나치가 아닌 우익 정당들은 자진 해산했으며, 유대인들은 국가 기관에서 해고되었다. 일반인들은 반대자가 맞이하는 운명에 대해 잘 알고 있었으며, 이 점은 독일인들이 예외 없이 나치 지배에 동의했다거나 군중집회에서 히틀러를 절대적으로 숭배했다는 견해에 단서 조항으로 명시되어야 할 것이다.

나치 정권 내부에서는 계파 간의 주도권 다툼이 전개되었고, 그들은 서로에게 폭력을 행사하기에 주저함이 없었다. 좌파 탄압을 주도하던 (갈색셔츠단이라는 별칭으로 잘 알려진) 나치 돌격대(Sturmabteilung, SA)는 제2의 혁명을 요구했다. 군은 SA의 의도가 그들의 지위를 가로채려는 것이라고 우려했다. 부분적으로는 〔군을 포함한〕 보수파의 압력으로 인해 히틀러는 1934년 6월 30일—이른바 '장검의 밤(night of the long knives)'에—SA 지도부를 체포해 처형했다. 그렇다고 해서 보수파의 입지가 완전히 회복된 것은 아니었다. SA가 수행하던 탄압의 기능은 나치 친위대(Schutzstaffel, SS)가 넘겨받았다. 원래 엘리트 경호 부대로 시작했던 SS는 점차 정치적인 임무를 수행하게 되었다. 장검의 밤이 지난 후, 군은 곧 히틀러에게 충성 서약을 했다.

나치의 급진성은 특히 정치 영역에서 두드러졌다. 법치의 파괴는 임의적인 폭행, 집단 수용, 처형을 의미했을 뿐만 아니라, 원칙에 입각한 통치, 사법 및 행정의 근간 자체를 무너뜨린 처사였다. 공무원 조직이 숙청되었고, 당과 SS가 병행적 행정 조직으로 기능했으며, 그 구성원의 선발은 행정 규정이 아니라 이데올로기와 당에 대한 충성도에 따라 이루어졌다. 그 결과 비전형적인 배경을 가진 이들이 영향력 있는 자리에 올랐다. 이것은 마르크스주의자들이 말한 혁명은 아니었지만, 기존의 권력구조를 불안정하게 만들었다.

이탈리아 파시즘의 경우와 마찬가지로, 나치즘이 양성평등 구현에 도움이 될 것으로 기대했던 이들과 급진적인 노동 운동가들은 나치가 권력을 장악한 이후 대체로 실망했다(제9장과 제10장 참조). 하지만 나치는 그들의 도그마가 사회 전 영역에 스며들도록 하는 데 더 성공적이었다. 여성단체부터 영화인 협회까지, 과거에는 독립적이었던 기관들이 모두 해체되거나 나치 산하 기관으로 재편되었다. 학교 교육과정도 대폭 수정되었다. 노동자들의 여가 선용 단체인, 그 이름도 음험한 '즐거움을 통한 힘(Strength Through Joy)'과 나치의 코포라티즘 기획의 일환인 독일노동전선(German Labour Front)은 모두 나치식 유토피아 건설에 동참했다. 또한, 사회정책 분야에서 이탈리아와 독일은 서로의 전문성을 공유했다.

인종주의는 이탈리아보다 독일에서 더욱 강력한 행동 지침이었다. 모든 독일인, 아니 모든 나치가 생물학적 반유대주의에 동조하지는 않았다. 그러나 분명한 것은 다수의 나치 활동가들, 특히 나치 지도부가 생물학적 인종주의를 절대적 신조로 삼았고, 바로 그런 운동이 권력을 장악하고 있었다는 사실이다. 공산주의를 타파하고 독일의 국제적 위상을 회복한 히틀러가 누린 엄청난 대중적 인기와 유대인이 처한 운명에 대한 사회 전반의 무관심 덕분에, 반유대주의자들은 그들의 구상을 실천에 옮길 기회를 포착했다. 모성 보호 제도와 의료 혜택 분배, 외교와 교육과정에 이르기까지, 모든 정책에서 인종이 고려사항이 되었다. 또한, 비(非)나치 기관들, 특히 군과 공무원 조직, 학계가 나치의 인종 정책 시행에 필수적인 조력자가 되었다.

사실 대기업과 군, 행정 조직은 이탈리아에서처럼 어느 정도 독립성을 유지했고, 당이나 SS와 경쟁하는 관계였다. 그러나 힘의 균형 관계는 이탈리아에서와 달랐다. 규제가 점차 강화되면서 재계는 정부 정책에 대해 집단적 영향력을 행사할 수 없게 됐다. 1938년에는 군 장성이 여럿 해임되고 히틀러가 군의 최고통수권자가 되었다. 하인리히 힘러(Heinrich Himmler)의 주도 아래, SS는 독자적인 군사 조직을 갖추고 모든 인종주의 정책에 관여했다. 인종주의 정책이 중요했던 만큼 SS의 권력도 막강했다. 이탈리아 파시즘의 경우와 비교했을 때, 독일의 군과 공무원, 교수 사회는 나치즘의 메시지에 좀더 수용적인 입장이었다. 결과적으로, 체제의 다양한 구성 집단들이 히틀러의 구상을 실현하기 위해 경쟁적으로 충성하는 상황이 전개되었다. 한 활동가의 표현을 빌리자면, 그들은 '퓌러를 향해' 일했다. 히틀러는 구체적으로 정책을 지시할 필요가 없었다. 어차피 그럴 기운도 재능도 없었다.

권력의 집중은 정책 입안자들을 도덕과 법의 제약에서 해방해주었다. 그 결과, 불확실성이 통치의 기본 속성으로 자리잡았고, 체제의 희생자들이 구제받을 길이 사라졌다. 사실 나치가 바라던 전체주의적 통제는 이루어지지 않았고, 나치 지배 체제에 대해 회의적인 시각이 존재했다는 증거도 많다. 그러나 집단적인 저항은 극도로 위험했고, 우대(favoured) 종족의 일원이라면 체제의 이점, 이를테면 소비·여가 사회의 (현실까지는 못 되더라도) 전망 같은 것들을 기대할 수도 있었다.

무솔리니와 마찬가지로, 히틀러는 외교 문제에 열정적이었다. 그에게는 조화로운 독일 사회를 건설하기 위해서는 반드시 생활권을 확보하고 인종의 적과 볼셰비즘을 일소해야 한다는 오랜 믿음이 있었다. 이 목표들을 어떻게 달성할지에 대해서는 구체적인 방안이 서 있지 않았지만, 어쨌거나 그는 독일을 인종전쟁 준비에 돌입시켰다. 국내 정책은 대체로 어떤 식으로든 이 최우선 과제와 연계되어 있었다. 여성의 결혼과 출산을 장려한 정책은 '건강한' 인구의 규모를 늘려 미래의 병력을 보충하기 위함이었다. '부적합한' 이들에 대한 단종 수술은 인구의 질을 향상시켜줄 것으로 기대되었다. 공공사업에도 군사적인 측면이 있었고, 1936년에 나온 4개년 계획은 무기 생산과 수입 대체에 역점을 두었다. 전쟁 공포가 확산되면서 1938년 11월부터 나치의 유대인 정책이 급진화한 것은 우연이 아니다. 그들이 보기에 유대 영향의 제거는—유대인 말살은 아직 나치 정책이 아니었다—전쟁의 목표이자, 동시에 승리의 전제 조건이었다.

히틀러의 외교는 중기적인 계획에 따라 진행되지 않았다. 영국이 중립을 지키고 독일이 유럽 대륙을 지배하도록 방관할지도 모른다는 히틀러의 기대는 곧 실망으로 바뀌었다. 그러나 1936년에 히틀러는 생활권 쟁취를 위한 전쟁이 늦어도 1940년에는 시작되어야 한다고 그의 장성들에게 일러두었다. 뒤이은 몇 해 동안, 독일은 기회가 있을 때마다 영토를 넓혀나갔다. 1938년 3월에 오스트리아를 합병했고, 9월에는 독일계 소수 민족이 거주하던 체코슬로바키아의 수데티 지역으로 눈길을 돌렸다. 1939년 9월, 소련과의 불가침조약을 등에 업은 히틀러가 폴란드를 침공하자, 결국 영국, 프랑스와도 전쟁이 시작되었다. 히틀러는 1940년에 프랑스가 함락되자마자 소련을 침공할 계획을 세우기 시작했다.

독일의 소련 진격과 함께 전례 없는 잔학 행위가 시작되었다. 정복당한 동부 지역의 토착 정권이 완전히 무너졌고 독일 내부로부터의 제어가 전혀 없었기 때문에, 나치는 히틀러의 종말론적 예언에 따라 지역민에 대한 살해와 고문, 착취, 약탈, 인체 실험을 자행했다. 전쟁 발발 전부터, 히틀러는 유럽 전역의 유대인이 절멸되어야 전쟁이 끝날 것이라고 공언했고, 사실상 그렇게 되었다. 히틀러의 터무니없는 망상은 독일군이 괴멸된 후에도 계속되었다. 베를린의 은신처에서, 히틀러와 괴벨스(Goebbels)는 영감을 얻기 위해 타로를 읽고 프리드리히 대왕을 떠올렸다. 히틀러는 유언장에서 자신의 기대를 저버린 독일 국민을 탓했다.

제 5 장

파시즘의 확산

1925년 5월, 루마니아 투르누세베린

불리한 증거가 많았다. 하지만 24세의 이아시 대학 법대생 코르넬리우 코드레아누(Corneliu Codreanu)는 그의 살인에 대한 배심원의 평결을 기다리는 동안 큰 걱정은 하지 않았다(그림 4). 그도 그럴 것이, 배심원들 모두 스바스티카 배지를 달고 있었고, 심지어 기소 대리인조차 정상참작의 사유를 언급했기 때문이다. 이 대리인은 "대학가의 무정부 상태는 외국인이 많아서 생긴 일"이라면서, '루마니아인을 위한 루마니아'를 호소했다.

1차세계대전에 연합국으로 참전한 루마니아는 그 보상으로 오스트리아-헝가리 제국과 러시아 제국에서 떼어낸 영토를 할양받았다(지도 2). 이 '새로운 영토'에는 유대계, 헝가리계, 독일계 소수족이 거주하고 있었는데, 이들 중에는 특히 기업인이나 전문직 종사자가 많았다. 루마니아인들은 이들을 단일민족국가인 루마니아 일부로 '동화'시키거나, 유대인의 경우에는 추방해야 한다고 생각했다.

코드레아누 같은 학생들이 새로운 영토를 '루마니아화'하기 위한 투쟁에 앞장섰다. (전통적으로 루마니아의 지식인들은 내셔널리즘의 선봉을 자처했다.) 이들 미래의 법조인들과 의사들은, 1차세계대전 후 루마니아에서 좌익 활동이 일시적으로 급증한 것과 그들 자신의 직업적 전망이 어두워진 것을 유대인 탓으로 돌렸다. 1922년에는 루마니아 전역에서 유대인의 대학 입학을 제한하자는 운동이 일어났다. 정부가 이 제안에 반대하자, 코드레아누와 그의 무리는 이를 정부가 루마니아의 적에 동조하고 있다는 증거로 받아들였다.

1924년 10월, 코드레아누는 학생 운동에 반대하던 이아시의 경찰청장을 살해했다. 이 사건의 공판은 원래 몰도바 지역 폭샤니에서 열릴 계획이었으나, 반유대주의자들의 폭동으로 인해 무산되었다. 이듬해 5월, 몰도바에서 멀리 떨어진 두너레아(다뉴브) 강 유역의 작은 마을 투르누세베린에서 공판이 재개되었다. 당국은 일이 조용히 마무리되기를 기대했지만, 수천 명에 이르는 코드레아누의 지지자들이 투르누세베린으로 몰려와 반유대주의를 부추겼다. 마을 전체가 루마니아 국

4. 코드레아누가 철위대를 사열하고 있다. 도회적인 모자와 코트 아래로 농민의 복장이 보인다.

가 색으로 뒤덮이고, 주민 다수가 스바스티카 표지를 달았다. 루마니아 법조인 협회는 누구도 피해자의 미망인을 대리하지 못하도록 회원들에게 압력을 행사했다. 검찰측이 가까스로 실력 없는 대리인을 확보하기는 했으나, 코드레아누는 무죄 판결을 받았다. 모두가 예상한 결과였다.

코드레아누는 철위대(Iron Guard)라는 별칭으로 가장 잘 알려진 대천사 미카엘 군단(Legion of the Archangel Michael)의 지도자였다. 일련의 입헌정부 및 뒤이은 왕정독재에 맞서, 철위대는 정치적 암살로 얼룩진 격렬한 투쟁을 전개했다. 1938년 11월, 철위대가 진압되고 코드레아누는 교살당했다.

철위대는 명백히 이탈리아 파시즘 및 나치즘과 유사했지만, 단순한 모방은 아니었다. 스바스티카는 유럽의 극우 집단들 사이에서 이미 오랫동안 사용됐었고, 철위대가 스바스티카를 채택한 것은 그때까지만 해도 위상이 미미했던 나치와 아무런 관계가 없었다. 1920년대의 철위대는 무솔리니를 추종했으나, 프랑스의 신왕정복고 운동인 악시옹 프랑세즈(AF)로부터도 영향을 받았다. (당시 파리로 망명한 루마니아인 중에 AF에서 활발히 활동하는 이들이 있었다.) 철위대는 AF와 마찬가지로 반유대주의 성향이 있었고, 1930년대에 이르러서는 자연스럽게 이탈리아 파시즘에서 나치즘 쪽으로 돌아섰다.

소련
0 50 100 킬로미터
체르너우치
부코비나
바사라비아
헝가리
이아시
프루트 강
키시너우
나스트루 강
클루지
몰도바
트란실바니아
아라드
알바이울리아
브라쇼브
티미쇼아라
두너레아(다뉴브) 강
갈라치
바나트
플로이에슈티
투르누세베린
발라히아
부쿠레슈티
콘스탄차
도브로제아
유고슬라비아
크라이오바
두너레아(다뉴브) 강
흑해
불가리아
옛 러시아 영토
옛 합스부르크(헝가리 왕국) 영토
옛 합스부르크(오스트리아) 영토
1914년 국경
1921년 국경

지도 2. 루마니아

‘얽힘’ 관계

1920년대와 1930년대에, ‘파시즘’이나 ‘국가사회주의’를 표방하는 운동들, 혹은 그 둘이나 둘 중 하나로부터 영감을 받았다는 운동들이 유럽과 남북아메리카, 식민지 여기저기서 나타났다. 파시즘의 매력에 아무런 영향을 받지 않은 곳은 전 세계에 거의 없었다. 히틀러와 무솔리니가 그들의 이데올로기를 타국에 보급하는 데 적극적이었기 때문에 더욱 그랬다. 여러 관찰자가 독일과 이탈리아의 정권이 무언가 다르고 새로운 것을 제시한다고 생각했지만, 그것이 무엇인지에 대해서는 저마다 의견이 달랐다. 그들은 때로 이 둘을 다른 부류, 이를테면 스탈린의 공산주의나 케말 아타튀르크(Kemal Atatürk)의 사회주의 내셔널리즘 등과 동일시하기도 했다.

타국의 운동들은 파시즘을 그들 나름의 관점과 목적에 비추어 해석했다. 그들은 파시즘의 일부 특징은 빌리고, 다른 부분은 수정하고, 어떤 부분은 버렸다. 독일과 이탈리아 정권의 공격적인 내셔널리즘은 가장 열렬한 타국의 추종자들에게도 문제가 되었다. 그들에게도 자국의 독립은 소중했기 때문이다.

이탈리아 파시스트와 나치가 그들의 이데올로기를 국외로 전파한 것은 단지 공산주의와 맞서기 위해서가 아니라, 서로를 견제하기 위해서이기도 했고, 또한 체제 내부의 갈등을 외부로 해소하기 위해서이기도 했다. 우리는 앞서 히틀러가 처음에는 무솔리니를 본보기로 삼았다는 사실, 그리고 히틀러가 선거에서 돌파구를 마련하자 무솔리니가 나치를 잠재적인 우군으로 간주하기 시작했다는 사실을 살펴보았다. 막상 히틀러가 집권에 성공했을 때, 이탈리아 파시스트들은 히틀러가 위험한 경쟁자인지 동지인지를 판단할 수 없었다. 나치 중에는 이탈리아 파시즘을 우러르는 이들도, 이탈리아인을 열등 인종으로 보는 이들도 있었다.

1932~1934년에, 일부 이탈리아 파시스트들이 '보편적 파시즘'을 주창했고, 이 기획의 결실로서 국제 파시스트 회의(Fascist International Congress)가 스위스 몽트뢰(1934년)와 네덜란드 암스테르담(1935년)에서 개최되었다. 그들의 목적은 이탈리아 파시즘에 활기를 불어넣고 나치의 인종주의를 견제하는 것이었다. 그들은 파시즘에 고대 로마 시대로부터의 보편적 가치가 담겨 있다고 주장했다. 철위대가 이 생각에 공감했다. 루마니아의 내셔널리스트들은 (사실 AF에서 받은 영향 때문에) 자신을 고전 시대의 계승자로 보았기 때문이다. 하지만 결국 국제 파시스트는 나치즘과 반유대주의의 기세를 막아낼 수 없었다. 심지어 이탈리아에서조차, 일부 활동가들은 나치즘과의 연대가 이탈리아 파시즘을 재생시키는 데 더욱 효과적인 수단이라고 보았다.

곧 친나치 계열이 이탈리아에서도 주도권을 잡았다. 무솔리니도 적어도 공석에서는 독일과의 연대를 이야기했다. 1936년에 독일과 이탈리아는 추축동맹을 맺었고, 에스파냐 내전에서 함께 내셔널리즘 진영을 지원했다. (에스파냐 내전은 유럽 전역의 파시스트들을 결집한 대의였다.) 1938년에는 이탈리아에서 반유대 법안이 통과되었다. 하지만 이탈리아 파시즘과 나치즘은 서로 공조하면서도 여전히 국외의 추종 세력을 두고 경쟁하는 관계였다. 물론 축구 경기장에서의 경쟁도 계속되었다.

또하나 고려해야 할 요소는, 파시즘의 영향이 파시즘을 표방한 운동들에 그친 것이 아니라 훨씬 더 넓은 범위까지 미쳤다는 사실이다. 어떤 운동은, 다른 사람들 눈에는 파시즘과 비슷해 보였지만, 그 어떤 관련성도 극구 부인했다. 또한 전간기에 유럽 여러 나라에 들어선 독재 체제들도 파시즘을 부분적으로 차용했다.

얼마나 많은 개인이나 운동, 정권을 '파시즘'이라는 범주에 포함할 수 있는가는, 파시즘을 어떻게 정의하느냐에 따라 달라진다. 만약 우리가 파시즘을 단순히 대중을 조종하려는 욕구, 혹은 독재라고 정의한다면, 상당히 많은 수가 파시즘에 해당할 것이다. 만약 거기에 인종주의, 그리고/혹은 반유대주의라는 기준을 더한다면 해당 범위는 달라질 것이다. 우리가 어느 한 가지 정의에 합의할 수 없다는 사실은, '진정한 파시즘'을 특정한다 해도 그 판단이 결코 단정적일 수 없음을 의미한다. 그러나 이러한 난점에도 불구하고, 우리는 다양한 운동들 사이의 유사점과 차이점을 규명하고, 그들 사이에 실재했던 상호작용과 상호차용—학계에서 '얽힘'이라 부르는 관계—을 살펴볼 수 있다. 나는 '파시즘'과 '국가사회주의'라는 용어가 어떻게, 그리고 어떤 목적으로 사용되었는지를 살펴볼 것이다. 얽힘 관계를 추적해보면, 파시스트와 가장 긴밀했던 이들은 독재를 지지했건 의회정치를 옹호했건 상관없이 보수주의자 단체였음을 알 수 있다(하지만 제8~10장에서 살펴보겠지만, 파시즘과 좌파의 관계도 그저 적대적이지만은 않았다).

전간기 유럽의 파시스트와 보수주의자

전체주의라는 개념에 비추어보면, (의회주의자와 독재주의자를 포함한) 보수 진영과 파시스트의 차이가 확연히 드러난다. 보수주의는 교회나 관료, 군, 혹은 군주에 의한 통치를 지지하며, 가족과 사유재산을 보호한다. 반면에 파시즘은 대중에 기반을 둔 새로운 엘리트 계층의 부상과 이들이 이끄는 대중 정당을 전제로 한다. 파시즘은 보수주의자들이 소중히 여기는 사회적 제도나 관습을 위협하며, 그런 점에서는 공산주의와 더 많은 공통점을 가진다. 이를 반박하는 마르크스주의자들은 파시스트들과 보수주의자들이 공통의 적을 두고 서로 협력하

5. 파시즘과 권위주의적 보수주의: 왼쪽부터 오스트리아의 엥겔베르트 돌푸스(Engelbert Dollfuss), 무솔리니, 헝가리의 반(半)파시스트 총리 줄러 굄뵈시(Gyula Gömbös). 1934년 3월 17일, 로마. 오른쪽은 일본 독재 체제의 대표인 주(駐) 이탈리아 대사 마쓰시마 하지메.

는 관계였음을 강조한다(그림 5).

두 견해 모두에 수긍 가는 점이 있다. 그래서 마틴 블링크혼(Martin Blinkhorn)은 전간기 유럽에서 권위주의적 보수주의와 파시즘 사이에는 일종의 연속체가 존재했다고 주장한다. 이 연속체의 한쪽 끝에는, 기존 제도에 기반을 둔 권위주의 정권으로서 매우 제한적인 파시스트 경향을 보인 경우들이 있었다. 반대편 끝에는 파시스트 운동이나 정권으로서 보수주의자들의 관여가 매우 제한적인 경우들이 있었다. 나치즘이 가장 좋은 예일 것이다. 블링크혼의 해석은 파시즘과 보수주의 간의 얽힘과 전이뿐만 아니라, 그 둘 사이 혹은 각자의 내부에 존재했던 갈등 또한 반영한다.

블링크혼의 접근법은 유용하지만, 한 가지 전제를 기억해야 할 것이다. 즉, 이것은 **우리의** 구분이고 당사자들은 달리 생각했을 수도 있다는 것이다. 그리고 그들이 급진이나 보수 같은 단어를 사용했을 때, 그 의미가 우리와 달랐던 경우도 많았다. 중요한 것은 그 단어들이 어떻게 **사용**되었는가이다. 활동가들이 '파시즘은 이런 것', 혹은 '나치즘은 저런 것'이라고 주장했을 때, 그리고 상대를 '보수적인' 혹은 '부르주아 정신'을 가진 '변종'이라고 비난했을 때, 우리는 그것이 무엇을 의미했는지 반드시 확인해야 한다. 파시즘이 확산되고, 변형되고, 활용된 경로를 모조리 되짚어보기는 불가능하다. 나는 몇 가지 사례에 집중할 생각이다.

민주국가의 파시즘

비록 승리하기는 했지만, 프랑스는 1차세계대전에서 막심한 고통을 겪었다. 그리고 전후에 급증한 노동 소요는 이미 너무나 많은 혁명을 겪은 이 나라에 또 한번의 혁명에 대한 공포를 불러일으켰다. 처음에 보수주의자들은 의회의 국민연합(National Bloc)에 희망을 걸었다〔국민연합은 1919~1924년에 보수 연정을 구성했다〕. 독일이나 이탈리아의 경우와 달리, 프랑스의 의회-보수주의자들은 40년 만에 재집권에 성공했기 때문에 아직은 실패의 오점이 없었다. 그런데 국민연합에는 가톨릭교도, 귀족, 학생, 도시 프티부르주아지에 지지 기반을 둔 다양한 극우 집단들이 포함되어 있었다. 이들 극단주의자 중에는 다양한 내셔널리즘 운동과 여러 갈래의 몰락한 왕가를 따르는 이들이 혼재해 있었다. 그중 가장 강력한 세력은 왕정복고, 반유대주의, 독재, 가톨릭교를 옹호한 AF였다.

국민연합은 극우가 바라는 의미 있는 변화를 이루어내지 못했고, 실망을 거듭하던 극우는 무솔리니의 집권을 반겼다. 타국의 이데올로기를 추종한다는 비판을 면하기 위해, 그들은 무솔리니가 프랑스 사상을 모방했다고 주장했다. 그들은 파시즘의 여러 양상 중에서 가장 마음에 드는 부분, 즉 반사회주의, 강력한 정부, 교회에 대한 배려를 선택적으로 수용했다. 반면에 그들은 대중 운동으로서 파시즘이 가지는 특성에는 그다지 관심을 두지 않았고, 미겔 프리모 데 리베라(Miguel Primo de Rivera)의 에스파냐 군사 독재와 파시즘을 명확히 구분하지 않았다(프리모는 1923년에 자신의 집권에 영감을 준 인물로 무솔리니를 언급했다).

1924년에 좌파가 재집권했다. 국민연합은 불명예스러운 퇴진을 했고, 보수주의자들은 다시금 두려움에 휩싸였다. 많은 보수주의자가 이번에는 새로운 대중 운동에 눈길을 돌렸다. 애국청년단(Jeunesses patriotes, JP)은 분명 파시즘의 영향을 받았다. 그들은 푸른 레인코트를 입고, 파시스트 경례를 붙이고, 거리에서 공산주의자들과 싸움을 벌였다. 일부 JP 지도자들은 파시스트를 자칭했지만, 다른 이들은 좀더 신중한 태도를 보였다. JP는 프랑스의 보나파르티슴 전통과도 맞닿아 있었다. 단원 중 다수가 가톨릭교도였고 일부는 의회 내의 우파 활동에도 적극적으로 참여했다. 1926년부터 JP는 또다른 대중 운동인 페소(Faisceau)와의 구분을 위해 파시스트라는 명칭을 삼갔다. 그 이름에서 알 수 있듯이, 페소는 자신들이 국제 파시즘을 프랑스에서 구현했다고 생각했다. 페소 역시 무솔리니가 프랑스 이론을 빌려 썼고 다만 프랑스의 전통을 다른 방식으로 해석했다고 주장했다. 페소는 코포라티즘을 강조했지만, 노동조합의 독립성에 관한 논쟁으로 인해 내분에 빠지고 말았다. 궁극적으로는 이 논쟁의 귀결이 어찌되든 상관없었다. 페소는 어차피 권력을 차지할 가망이 없었다. 프랑스의 극우는 의회로 진출하지 못했다. 거리에서의 실력 행사만으로는 정치적 승리를 거둘 수 없었다. 결국, 난국을 타개한 것은 의회 내에서 새로이 결성된 보수 연합이었다〔이들이 1926년부터 1932년까지 정국을 주도했다〕.

극우 진영은 대공황 기간에 되살아났다. 1934년 2월 6일, 대규모 극우 집회가 파리 중심가에서 일어나 〔1932년에 집권한〕 좌익 정권을 몰아냈다. 그러나 여전히 의회 내에서의 입지가 너무도 미약했던 극우는 실익을 보지 못했다. 이후 크루아드푀(Croix de feu, 불의 십자가)라 불린 새로운 단체가 우파를 지배했다. 크루아드푀는 가입자 수가 50만 명에 달했고, 1936년에 정당으로 재편된 이후에는 그 규모가 더 커졌다. 적들의 눈에 비친 크루아드푀는 파시즘의 화신이었고, 실제로 유사성을 부인하기 어려웠다. 그들의 준군사조직적인 움직임은 (이탈리아 파시스트들보다) 나치를 연상시켰다. 그들은 코포라티즘과 반의회주의를 주창했고, 좌파와 그들이 보기에 지나치게 박약한 보수주의자들을 동시에 공격했다. 크루아드푀는 이탈리아 파시즘과 나치즘의 여러 특성 중에서 특히 출산 장려와 사회정책을 동경했고, 무솔리니와 히틀러가 권력을 장악한 과정을 학습했다. 차이점도 있었다. 크루아드프의 개헌안은 상대적으로 온건했다. 그들은 (기존의 식민지를 포기할 의사는 없었지만) 영토 확장을 주장하지 않았고, 나치(혹은 AF)보다 훨씬 덜 반유대적이었다. 크루아드프 지도자들은 극히 예외적인 경우를 제외하고는 자신들이 파시스트라는 것을 극구 부인했다. 그 이유는, '내셔널리즘' 외에 다른 명칭을 사용할 경우, 그러잖아도 이질적인 극우 진영이 분열될 위험이 있었기 때문이다. 더군다나 1920년대에는 1차세계대전의 동맹국 이탈리아와의 동일시가 가능했을지 몰라도, 독일은 프랑스의 숙적이었다.

그럼에도 불구하고, 좌파는 크루아드프를 히틀러의 하수인이라 불렀다. 그것은 사실과 달랐지만, 효과적인 전략이었다. 더군다나 프랑스의 좌파는 독일에서 나치가 거둔 승리를 반면교사로 삼았다. 독일의 사회주의자들과 공산주의자들은 나치를 미워한 만큼이나 서로를 미워했지만, 프랑스의 좌파는 인민전선(Popular Front)으로 단결했다. 인민전선은 크루아드프를 상대로 거리에서 격투를 벌이는 한편, 유권자를 극우로부터 유인해올 정책도 마련했다. 그들은 1936년 선거에서 절반을 훌쩍 넘어서는 의석수를 확보했다. 크루아드프는 정부의 해산명령에 순순히 응했지만, 이내 프랑스사회당(Parti social français, PSF)으로 조직을 재정비하여 다시 등장했다. PSF는 점차 파시즘적인 특징을 털어냈지만, 프랑스가 독일에 무너진 1940년에는 독재의 장점을 재발견했다.

파시즘은 영국으로도 파고들었다. 저항적 내셔널리즘이 제국을 흔들었고, 경제는 전간기 내내 부진했으며, 1926년의 총파업과 노동당(Labour Party)의 성장은 사유재산을 위협하는 것으로 보였다. 영국의 보수주의자들은 질서를 회복한 무솔리니에게 찬사를 보냈고, 이탈리아의 온건한 파시즘을 그보다 더 위험하고 급진적으로 보인 〔독일식〕 파시즘과 구분했다. 일부 가톨릭교도는 무솔리니를 신을 부인하는 공산주의와의 싸움에 앞장선 선봉장으로 보았고, 어떤 지식인들은 무솔리니 정권의 미학적 모더니즘을 높이 샀다. 이탈리아 파시즘이 영국으로 이식될 수 있다고 생각한 사람은 거의 없었다. 그것이 가능하다고 믿은 일부가 1925년에 영국파시스트단(British Fascists)을 결성했다. 영국파시스트단은 대중 운동으로 성장하지 못했지만, 일부 보수당(Conservative Party) 의원들은 집회 질서 유지에 이 단체를 이용했다.

잠시나마 유일하게 유의미했던 운동은, 1932년에 오즈월드 모즐리 경(Sir Oswald Mosley)이 조직한 영국파시스트연맹(British Union of Fascist, BUF)이었다. 초기 BUF는 재정 지원을 받는 등 이탈리아 파시즘과 긴밀한 관계를 유지했다. BUF

는 앞서 언급한 보수주의자들과는 다른 관점에서 파시즘을 이해했다. 본래 노동당 출신이었던 모즐리는 이탈리아 파시즘의 코포라티즘을 높이 샀다. 그는 기성 영국 정당들의 대공황 타개책보다 코포라티즘이 더욱 창의적인 대응이라고 평가했다. 이러한 급진성과 별개로, BUF는 1914년 이전의 완고한 토리주의(Diehard Toryism)로부터도 영향을 받았다. 완고한 토리주의자들은 당시 자유당 정권의 사회 개혁 정책과 아일랜드 자치안에 반대한 보수주의자들이었다. 이들 중 일부는, 훗날의 모즐리가 그랬듯, 머지않아 대중이 '낡은 정당 정치'를 몰아낼 것이라 장담하기도 했다. 그러나 BUF는 보수당의 지지를 얻었다. BUF를 지지한 당원들은 당수인 스탠리 볼드윈(Stanley Baldwin)이 1929년 노동당과의 거국연정(National Government)을 구성하면서 보수의 원칙을 저버렸다고 보았고, 이탈리아 파시즘을 통해 강경 노선을 정당화하고자 했다.

BUF에 대한 지지가 거의 사라진 것은 폭력성 때문이었다. 영국의 단순다수대표제(first-past-the-post) 선거 방식 또한 BUF에 불리하게 작용했다. 얼마 되지 않던 성공의 가망이 완전히 사라진 것은, 모즐리가 이탈리아 파시즘에서 이탈하여 나치즘으로 돌아섰기 때문이다(이에 따라 이탈리아 대사의 기대도 BUF에서 보수당으로 옮겨갔다). 이 실수 때문에 영국인은 대부분 모즐리를 반역자로 낙인찍었다.

미국에서도 나치즘에 동조하는 이들은 애국심 없는 사람으로 비칠 각오를 해야 했다. 재미독일인협회(German American Bund)는 전성기에도 회원 수 6000명을 넘기지 못했다(그림 6). 부분적으로 이 단체는 KKK로 대표되는 미국 고유의 인종주의에 뿌리를 두었다. KKK는 1차세계대전 동안 부활하여 1920년대에 200만~800만 명의 회원을 보유했던 것으로 추정된다. KKK는 파시즘의 여러 측면을 선취했지만, 오늘날까지 미국의 극우를 특징짓는 반국가적(anti-state), 자유지상주의적(libertarian), 대중주의적 개인주의 역시 KKK의 속성 중 하나였다. 재미독일인협회는 분명 KKK와 연관이 있었지만, 미국의 1차세계대전 참전 후 빈번해진 독일인에 대한 부당한 처사에서 기인한 바가 그 못지않게 컸다. 1930년대에는 가톨릭 사제 찰스 E. 코글린(Charles E. Coughlin)이 세운, 사회정의를 위한 국민연합(National Union for Social Justice)이 재미독일인협회에 비해 더욱 왕성한 활동을 펼쳤다. 그러나 국민연합은 덜 극단적이었다. 코글린은 본래 루스벨트(Roosevelt) 대통령의 뉴딜(New Deal) 정책 지지자로 정치 활동을 시작했었고, 반공산주의, 반유대주의, 반자본주의를 주장했다. 그의 정당이 낸 후보자는 1936년 대통령 선거에서 88만 2479표를 얻었다.

미국에서 파시즘이 취약했던 사실은 위기가 극단주의를 낳

6. 뉴욕의 매디슨 스퀘어 가든에서 1939년 2월에 열린 재미독일인협회의 대규모 집회. 미국을 상징하는 독수리 문양 위에 스바스티카가 겹쳐져 있다.

게 마련이라는 단정을 경계하게 한다. 조건은 잘 맞아떨어졌다. 심각한 경제 위기, 뉴딜 정책에 대한 (보수주의에 입각한) 반감, 유럽의 반파시즘 투쟁에 미국이 참여하는 것에 대한 (고립주의에 입각한) 불만 등이 모두 극단주의자들을 자극했다. 그러나 뉴딜의 성공이 불만을 누그러뜨렸고, 반국가적 개인주의가 극단주의자들을 저마다의 방향으로 분산시켰다.

종교와 파시즘

코글린 신부처럼 파시즘과 가톨릭교를 혼합한 사례는 이전에도 있었다. 전 세계 가톨릭교도들은 세속국가 이탈리아에서 바티칸의 지위를 다지고 교회의 특권을 일부나마 복원해준 무솔리니를 고맙게 여겼다. 1936년 7월, 프란시스코 프랑코(Francisco Franco) 장군이 에스파냐 인민전선(Spanish Popular Front) 정부[1936~1939]에 대항하여 군사 정변을 일으켰을 때도, 가톨릭교도들은 대부분 그를 지지했다.

그러나 에스파냐의 가톨릭교도들은 정치적으로나 사회적으로 분열되어 있었다. 군주제 옹호자와 다양한 보수주의자들은 공화국이 무신론자와 유대인, 프리메이슨, 마르크스주의자들의 음모에서 태어났다고 보았지만, 다른 가톨릭교도들은 공화국 내에서 다양성을 용인할 의향이 있었다. 또한, 사회적 가톨릭주의를 표방하는 이들은 단순히 적을 억압하기보다는 사회 개혁을 통해 교회의 영향력을 회복하고자 했다. 가톨릭교도들은 파시즘 속에서 저마다 다른 것을 보았다. 어떤 이들은 그저 좌파를 무너뜨리고 싶었고, 다른 이들은 코포라티즘을 통해 노동자와 자본가를 화해시키고자 했다. 후자의 견해에 힘이 실린 계기는 1936년 2월 선거에서의 충격적인 패배였다. 이 패배로 인해 더 많은 가톨릭교도가 사회주의가 호소력을 지니는 이유를 들여다보게 되었다. 이어진 에스파냐 내전〔1936~1939, 인민전선 정부를 옹호한 공화주의자 진영과 그에 대항한 내셔널리즘 진영의 싸움〕의 소용돌이 속에서도 새로운 사고는 발전했다.

프랑코를 위시한 내셔널리즘 진영에는 에스파냐 팔랑헤(Falange Española)가 포함되어 있었다. 팔랑헤는 죽은 독재자〔미겔 프리모 데 리베라〕의 아들 호세 안토니오 프리모 데 리베라(Jose Antonio Primo de Rivera)가 이끄는 노골적인 파시스트 단체였다. 팔랑헤는 이탈리아 파시즘의 의례적 요소와 준군사 조직적 폭력을 모방했고, 공식적으로는 정교분리를 옹호했다. 그런데도 팔랑헤는 다종다양한 가톨릭교도들에게서 지지를 얻었다. 우선 지도자인 호세 안토니오가 가톨릭을 에스파냐의 국교로 고집했다. 또한 팔랑헤는 이탈리아 파시즘의 코포라티즘을 높이 평가했고, 그것이 사회적 가톨릭주의가 생각하는 계급 화해 방안과 융합되었다. 팔랑헤는 온건한 토지 개혁과 은행의 국유화, 그리고 '국가 생디칼리슴(national syndicalism)'을 주창했다. 팔랑헤에 따르면, 국가 생디칼리슴은 기업과 국가의 영향력을 더욱 제한했다는 점에서 이탈리아 코포라티즘과 차별되었다. 다른 지역과 마찬가지로 에스파냐에서도, 가톨릭이 코포라티즘에 끼친 영향을 명확히 구별해내기는 어렵다.

프랑코 진영에는 계파가 불분명한 보수주의자들이나 에스파냐와 경쟁 관계에 있는 왕가를 따르는 이들도 포함되어 있었는데, 팔랑헤는 이들 사이에서 주도권을 잡는 데 실패했다. 군주제 옹호자들은 가문이나 계급을 매개로 장교 집단과 연결되어 있었기 때문에 조건이 유리했다. 장교들은 팔랑헤의 급진성을 경계했다. 공화국의 경직된 국방 정책으로 인해 군의 지위는 더없이 굳건했지만, 여러 팔랑헤 활동가들은 공화주의자들에 의해 살해되거나 수감되었다. 1937년, 프랑코는 팔랑헤를 그의 직속 조직으로 통합했고, 팔랑헤는 저항하지 않았다. 무솔리니 정권과 마찬가지로, 프랑코 정권(~1975)은 단 하나의 정당을 인정했고, 이 정당에는 보수주의자뿐만 아니라 급진적인 파시스트들도 포함되어 있었다. 그러나 이탈리아나 독일의 경우와 달리, 에스파냐에서는 교회와 군, 관료 조직의 힘이 시간이 지나면서 점차 강화되었다.

오스트리아에서는 파시즘과 종교가 독일과의 관계라는 문제와 얽혀 있었다. 1933년 이래 오스트리아는 엥겔베르트 돌푸스와 그를 뒤이은 쿠르트 폰 슈슈니크(Kurt von Schuschnigg)가 이끈 권위주의 정권, 정권을 보좌하는 준군사조직인 하임베어(Heimwehr, 국토방위단)가 지배하는 나라였다. 무솔리니는 이 권위주의 정권을 지지했다. 그의 의도는 자신의 국제적 위상을 유지하고, 이탈리아의 독일계 소수족 거주 지역으로 독일이 팽창해 들어오는 것을 견제하는 것이었다. 엥겔베르트는 무솔리니의 호감을 얻기 위해 '파시즘'을 받아들이기로 약속하고, 오스트리아를 슈텐데슈타트(Ständestaat, 코포라티즘 국가)로 만들었다. 슈텐데슈타트는 다소 보수적인 형태의 사회적 가톨릭주의에도 바탕을 두었다. '오스트리아형 파시스트' 조직인 하임베어는 1918년에 해체된 초민족(supranational) 제국인 오스트리아-헝가리 제국을 친무솔리니적인 가톨릭국가 연방(confederation)의 형태로 부활시키고자 했다. 내셔널리즘을 초월한 이러한 움직임은, 파시스트를 자칭한 이들은 〔종교를 포함한〕 그 어떤 충성의 대상보다도 민족과 국가를 가장 우선시했다는 통념을 깨뜨린다.

하임베어는 슈텐데슈타트 지도자들이 보기에 지나치게 급진적이고 반유대적이었다. 그들은 1936년에 하임베어를 해산하고 정부가 인정한 정당 조직으로 흡수했다. 일부 하임베어

활동가들은 정권의 가장 위험한 적인 나치당 오스트리아 지부에 가입했다. 이로써 그들은 나치즘이 가톨릭교도에게도 매력적일 수 있음을 보여주었다. 오스트리아 나치는 이미 1934년에 쿠데타를 시도한 적이 있었다. 당시 정권을 구해준 것은 무솔리니였다. 그러나 무솔리니와 히틀러가 추축동맹을 결성한 후, 독립국 오스트리아는 머지않아 운명을 다하게 되었다. 히틀러는 1938년에 오스트리아를 침공했고 '반동적'이라는 이유를 들어 슈텐데슈타트를 무너뜨렸다.

동유럽

다민족으로 구성된 러시아 제국과 독일 제국, 오스트리아-헝가리 제국이 해체된 후 그 잔해 속에서 피어오른 낙관론과 함께 동유럽 곳곳에 들어선 신생 민주 정부들은 전간기 동안 마치 볼링 핀처럼 힘없이 쓰러지고 말았다. 오직 체코슬로바키아만이 쿠데타를 모면했지만, 1938~1939년에 나치의 손아귀에 떨어지고 말았다. 이들 수습 민주 정부는 이탈리아와 독일이 겪은 모든 문제들—전쟁으로 인한 파괴와 민중 봉기, 파업, 경제적 역경, 종족 갈등—을 동일하게 겪었다. 또한 이들 국가에도 볼셰비즘에 대한 공포가 만연해 있었다. 특히 볼셰비키와 실제로 전쟁을 치른 곳에서는 그 두려움이 더했다. 소련은 여러 동유럽 국가 영토에 대해 영유권을 주장했고, 공산주의 반란이 곳곳에서 급증했다. 공산주의자들은 노동자, (더 많은 토지를 원했던) 농민, 소수 종족의 불만을 파고들었다. 전쟁이 남성과 여성의 정상적인 균형을 깨트렸다는 인식 또한 이들 국가가 가진 공통점이었다. 이탈리아나 독일에서와 마찬가지로, 내셔널리스트들은 국민 통합을 명목으로 공산주의자, 페미니스트, 소수 종족에 대한 강경한 대처를 촉구했다.

이들의 주장은 전간기 동유럽에서 있었던 종족 대혼란 속에서 큰 힘을 발휘했다. 평화 조약은 원칙적으로는 민족 자결의 원칙에 의해서 작성되었다. 하지만 여러 종족 집단이 너무나 복잡하게 뒤섞여 있었기 때문에, 그들의 분포에 맞추어 국가 간의 경계를 설정하기란 불가능했다. 일부 국경은 무력으로 결정되었다. 신생 '민족' 국가들은 모두 상당수의 소수족을 포함하고 있었다. 폴란드를 예로 들자면, 인구의 70퍼센트만이 폴란드인이었다. 과거에 타민족의 지배를 받던 민족들이 새로운 소수족을 지배하게 되었다. 초기에 각국 정부의 태도는 비교적 관대했다. 평화 조약이 소수족 권리의 보호를 요구했기 때문이다. 그러나 독일과 불가리아, 오스트리아, 헝가리는 평화 조약의 결과로 그들의 영토가 줄어든 것에 분개했고, (루마니아의 헝가리인이나 폴란드의 독일인처럼) 다른 국가의 소수족으로 전락한 동포들의 처지에 민감했다. (루마니아나 유고슬라비아처럼) 영토를 확장한 국가나 (에스토니아, 라트비아, 리투아니아, 체코슬로바키아처럼) 새로이 수립된 국가들은 소수족을 '국민화'하거나 추방하고자 했다. 서유럽에서와 마찬가지로, 동유럽에서 민주주의는 관용이 아니라 다수의 독재를 의미하는 경우가 많았다. 다문화주의가 설 자리는 없었다.

그러나 섣부른 판단은 금물이다. 상황이 맞아떨어졌다고 해서 모든 국가에서 반드시 유의미한 파시스트 운동이 발생한 것은 아니기 때문이다. 다민족 국가인 체코슬로바키아와 유고슬라비아의 경우, 정부가 소수족을 지나치게 배려한다는 일각의 비판, 경제 문제, 좌파에 의한 소요 사태 등에도 불구하고, 지배 민족인 체코인이나 세르비아인 사이에서 파시스트 운동이 일어나지 않았다. 체코슬로바키아에서는 파시즘이 싹틀 정치적 공간이 없었다. 노동 계급의 표심은 사회주의가 독점했고, 정부는 가격 부양책을 써서 농민의 불만을 잠재웠다. 체코 내셔널리즘이 은연중에 작용하기는 했지만, 체코인들에게는 전에 그들을 지배했던 독일인들보다 자신들이 더욱 관용적이고 계몽된 나라를 이루었다는 자부심이 있었다. 체코의 나치즘은 오히려 독일과의 병합을 원했던 수데티 지역의 독일계 소수족 사이에서 일어났다.

유럽 다른 국가들에서는 보수주의자들의 권위주의 정권이 줄지어 들어섰다. 이들은 소수족의 권리를 보장한 조약을 파기했고, 공산주의자를 체포했으며, 여성을 가정으로 되돌려 보내려는 의지를 천명했다. 좌파는 흔히 이러한 정권들을 파시즘과 동일시했고, 실제로 이들은 무솔리니나 히틀러 체제의 면면을 활용했다. 그들을 파시스트로 볼 수 있을지는 파시즘을 어떻게 정의하느냐에 따라 다르겠지만, 분명한 것은 그들이 기존 제도를 통한 통치와 파시즘의 선례를 결합했다는 것, 그리고 그렇다고 해서 그들이 이탈리아 파시즘이나 나치즘과 완전히 차별화되지는 않았다는 것이다. 루마니아에서는 동방정교회 대주교인 미론 크리스테아(Miron Cristea)가 1938년에 총리가 되었다. 폴란드에서는 군이 정부의 기둥이 되었다. 헝가리에서는 군과 지주 귀족이 득세했다. 불가리아와 루마니아, 유고슬라비아에서는 군주가 직접 나라를 다스렸다. 행정 관료들은 어디에서나 강한 영향력을 행사했다.

독재 정권의 주축은 엘리트 세력이었지만, 어떤 독재 정권은 대중 정당을 설립했다. 1935년에 폴란드의 '대령'들은 국민통합진영(Camp of National Unity)을 세웠고, 유고슬라비아에서는 군주독재에 대한 대중의 지지를 다지기 위해 급진연합(Radical Union)이 설립되었다(급진연합 당원들은 녹색 셔츠를 입었다). 유고슬라비아 정권은 유고슬라비아 여성연맹(Yugoslav Women's Union)의 지지 역시 수락했다. 여성연맹의 교육 및 복지 활동이 군주에 대한 충성심을 고취하는 수단이 될 것으로 보았기 때문이다. 유럽 보수주의의 새로운 특징으로 부상한 이들 대중 정당은 파시스트를 모방하고 그들과 경쟁했지만, 기존의 권위 주체에 복종했고 독점적 지위를 얻지 못했다. 사실 독재 정권들은 대부분 어느 정도의 정치적 자유를 허용했다. 검열은 철저하지 않았고, 반대파들은 체포와 구금을 당했지만 그들의 존재는 유지되었다. 헌법이 수정되고 투표 결과가 조작되긴 했지만, 여전히 선거는 시행되었다. 법령은 대단히 권위주의적이었지만 어쨌거나 대체로 준수되었다.

이러한 독재 국가에서 파시스트들은 정권에 맞설지 아니면 협력할지 갈등했다. 파시스트 활동이 가장 성공적이었던 나라는 헝가리와 루마니아였다. 헝가리는 1919~1944년에 해군 제독 미클로시 호르티(Miklós Horthy)의 통치를 받았다. 그는 반(半)권위주의적인 보수 정권을 이끌었는데, 이 정권은 반대 세력인 파시스트에 서서히 동화되어갔다. 헝가리의 파시스트들에게는 두 가지 특징이 있었다. 첫째, 무솔리니를 흠모한 것과 별개로, 헝가리의 극우는 1923년 이전부터 히틀러와 교류하기 시작했다. 그들은 독일 나치즘이 평화 조약에 대해 대단히 적대적이고 반유대적이라는 사실에 매력을 느꼈다. 유대인의 만연이 헝가리 민족을 약화했다고 보았기 때문이다. 이러한 견해는 장교와 관료 조직 사이에서 반향을 일으켰다. 불과 얼마 전까지 거대한 제국의 통치 집단으로 군림했던 그들은 깊은 민족적 수치를 느끼고 있었고, 일자리를 두고 유대인과 경쟁해야 하는 상황에 분노했다. 헝가리 파시스트들의 두번째 특이점은 사회적 급진성이었다. 그들은 헝가리 정권의 권력 기반인 장원의 해체를 요구했다.

1932년에 호르티는 파시스트인 줄러 굄뵈시를 총리로 임명하면서 한 가지 조건을 내걸었다. 그가 반유대주의를 포기해야 한다는 것이었다. 굄뵈시는 어차피 오랫동안 무솔리니를 흠모했었기 때문에 처음에는 약속한 대로 무솔리니 편에 섰다. 하지만 평화 조약 수정에 대한 기대와 독일의 경제력에 이끌려, 그는 1933년부터 다시 히틀러 쪽으로 돌아섰다. 굄뵈시는 여전히 그에게 반대하는 보수주의자들 때문에 운신의 폭이 좁았고, 결과적으로 많은 것을 성취하지 못했다. 덕분에 친나치 단체들은 할 일이 많았는데, 그중 가장 중요한 단체는 화살십자당(Arrow Cross)이었다. 화살십자당은 극단적 내셔널리스트들이 아니었다. 그들은 헝가리 내셔널리즘의 종교적 토대와 인종적 토대를 모두 중요시했지만, 쇼비니즘을 신봉하는 것은 아니라고 주장했다. 실제로 화살십자당은 반유대주의를 견지하면서도, 선민(chosen people)이라는 '유대'적 개념을 사용한 점을 들어 나치를 비판했다. 오스트리아 파시스트들이 그러했듯이, 화살십자당은 동남부 유럽 국가들로 구성된 연방을 선호했다. 화살십자당의 반유대주의는 유대인 고용주를 둔 많은 도시 노동자들의 공감을 샀다. 굄뵈시 정부의 성취는 일관되지 못했다. 정권 내부의 보수주의자들이 그에게 저항했기 때문이다. 1936년에 그가 사망하자 정국의 주도권은 다시 보수주의자들에게로 돌아갔다. 호르티의 방해 공작에도 불구하고, 화살십자당은 1939년 총선에서 선전했다. 그러나 호르티 정권은 스스로 더욱 독재적이고 더욱 반유대적인 노선을 택함으로써 '극단주의자'들을 견제했다. 그들이 화살십자당을 배척한 이유 중 하나는, 화살십자당이 소수 종족에 자치를 허용하고자 했기 때문이다. 헝가리는 히틀러의 침략 전쟁에 동참하여 루마니아 등 잃었던 땅을 되찾았고, 그곳의 소수 종족에게 폭력을 행사했다. 어디서부터 어디까지가 파시즘인지 경계를 분간하기 어려웠다.

잠시 루마니아로 되돌아가보자. 루마니아에서도 1920년부터는 권위주의적 '자유주의' 정권이, 그리고 1928년부터는 군주가 나라를 다스렸다. 코드레아누의 철위대는 주요 반정부 세력이었다. 그들은 정부가 루마니아에 거주하는 다양한 종족을 루마니아인화하는 과업에 충분히 매진하지 않는다고 비난했다. 철위대는 '정치 종교'와 유사했다는 점에서도 주목할 만하다. 코드레아누는 루마니아 정교회가 루마니아인의 정체성과 맞닿아 있다고 보았으며, 따라서 도시인이자 종교가 다른 유대인은 루마니아에서 배제되어야 했다. 하지만 정교회의 입장에서 철위대는 마치 이단적 종파와 같았을 것이다. 코드레아누는 교회가 정치적 행위를 통제할 권한을 가지는 데 반대했다. 그는 정교회의 교리와 낭만적인 민족 재탄생 신화를 결합하고, '새로운 인간'의 도래를 염원했다. 철위대는 그들의 종교성을 기괴한 의식으로 표현했다. 기성 종교를 그로테스크한 방식으로 모방한 그들의 의식에서, 철위대 암살단은 서로의 피를 나눠 마셨다. 철위대의 종교는 세계를 선과 악으로 나누었다. 그래서 정치는 투쟁과 전쟁의 장이었고, 철위대는 극단적으로 폭력적이었다. 싸움에서 죽음을 불사하는 그들의 투지는 나치 SS 외에는 비교할 만한 대상이 없었다(SS 역시 유사 종교적인 관념을 가지고 있었다). 그러나 그들의 종교성에도 불구하고, 철위대를 이론가들이 말하는 정치 종교라고 볼 수는 없다. 철위대는 맹목적인 비합리성에 빠진 집단이 아니었기 때문이다. 그들의 의식은 조직의 결속을 다진다는 합리적인 목적을 가지고 있었고, 폭력은 특정한 집단을 대상으로 삼았으며, 적대감은 (이를테면 전문직종의 일자리 경쟁 또는 토지에 대한 농민의 열망 등과 같은) 구체적인 사안들과 밀접히 연관되어 있었다.

철위대는 루마니아라는 나라가 왕조가 아닌 국민 속에 구현되어야 한다고 믿었다. 그 때문에 고위 성직자와 왕가는 철위대에 반감을 품었고, 머지않아 그들을 적으로 간주하게 되었다. 왕은 1937년에 미론 크리스테아를 수반으로 하는 독재 정부를 구성했다. 1938년, 철위대 활동이 금지되고, 코드레아누는 암살되었다.

철위대는 1940년에 재기에 성공했다. 프랑스가 독일에 함락되면서, 전통적으로 친프랑스적이던 보수 정권의 사기가 무너졌기 때문이다. 같은 해에 히틀러는 루마니아 영토의 상당 부분을 헝가리와 불가리아에 넘겨주었다(스탈린은 자력으로 바사라비아 지역을 차지했다). 국왕은 나라의 파멸을 가져온 장본인으로 비난받았고, 철위대는 정당성을 부여받았다. 철위대는 보수주의자인 안토네스쿠(Antonescu) 장군이 이끄는 연정에 참여했다. 그러나 안토네스쿠는 철위대가 유대인을 포함한 소수족의 사업장, 농장, 가택을 몰수한 것이 지나친 처사라고 생각했다. 양편의 힘겨루기는 1941년 1월, 안토네스쿠의 승리로 끝이 났다. 그것은 나치가 극단적 내셔널리즘 성향의 철위대보다는 안토네스쿠를 더욱 믿을 만한 협력자로 인식한 덕분이었다. 영토 확장을 노린 안토네스쿠 정부의 결정에 따라, 루마니아는 독일의 대소련 침공에 가담했다.

유럽 바깥의 파시즘

1945년까지 파시즘의 영향이 미치지 않은 곳은 전 세계에 거의 없었다. 식민주의에 반대하는 유럽 바깥의 내셔널리스트들은 파시즘에 관심을 두지 않을 수 없었다. 파시스트 체제가 〔영국이나 프랑스 같은〕 식민지배국들을 위협하고 민족국가 건설을 위한 이데올로기를 제공하는 것으로 보였기 때문이다. 그러나 유럽에서와 마찬가지로, 인종주의와 팽창주의가 파시즘의 확산에 주된 걸림돌이 되었다. 게다가 내셔널리스트 운동은 유럽의 반(反)파시스트 세력과 동조하는 경우도 많았다.

이집트와 시리아에서 파시즘의 유행은 자유주의적 내셔널리즘 성향의 집권 엘리트 세력에 도전을 안겨주었다. 그들은 영국과 프랑스의 의회정치를 모델로 하는 자치 정부를 확립함으로써 독립을 쟁취할 수 있으리라 기대했지만, 1930년대 경제 위기를 거치면서 그러한 견해는 신빙성을 잃게 되었다. 일부 신진 장교들과 행정가들은 파시즘에서 효율적이고 역동적인 대안을 보았다. 그사이 무솔리니 정권은 이슬람의 옹호자 행세를 했다. 모스크를 세우고, 아랍어 사용을 권장하는 한편, 이탈리아의 에티오피아 침공을 이슬람의 적인 기독교에 대한 공격으로 포장했다. 파시스트 상징물과 의식을 사용하는 준군사적 청년 단체들이 이집트와 시리아에 생겨났다.

하지만 파시즘의 유행은 오래가지 않았다. 파시즘에 동조하지 않는 다른 내셔널리스트들은 이탈리아가 제국주의적 야심을 선전 공작으로 감추고 있다고 확신했다. 게다가 이슬람교도들은 예언자 무함마드가 젊은 시절 피신해 있던 곳이기도 한 에티오피아를 반드시 부정적으로 여기지 않았다. 무슬림형제단(Muslim Brotherhood)으로 대표되는 이슬람주의(Political Islam) 단체들은 파시즘에 아예 관심이 없었다. 의회의 내셔널리스트들은 꿋꿋이 버텼고, 파시즘을 강하게 배격했다. 팔레스타인 지역에서 이탈리아 파시즘은 독일과의 경쟁에 직면했다. 독일은 기독교와 이슬람교의 급진적 전통을 선택적으로 차용함으로써 나치즘과 이슬람을 융합하려 했고, 민주주의에 대한 적개심과 반유대주의를 특히 강조했다.

좌파 성향의 인도국민회의당(Indian National Congress) 당수 수바스 찬드라 보스(Subhas Chandra Bose)는 처음에는 19세기 리소르지멘토(Risorgimento), 즉 이탈리아 민족 부흥 운동의 계보를 잇는다는 이탈리아 파시즘에 호감을 느꼈다. 1926년에 그는 인도가 파시즘과 공산주의의 새로운 조합을 실현할 것이라는 주장을 펼쳤다. 영국은 당연히 그를 파시스트로 규정했다. 국민회의당 내부에서 반파시스트 세력의 저항에 부딪히자, 보스는 자신의 견해를 온건하게 수정했다. 여기에는 히틀러가 인종적인 이유로 영국의 인도 지배를 옹호했다는 사실도 부분적으로 영향을 끼쳤다. 대신에 보스는 케말 아타튀르크의 사회주의적 권위주의 체제에서 대안을 모색했다. 그러나 그는 영국의 적이라면 인도의 독립을 도울 것이라는 미련을 거두지 못했다. 1941년에 베를린으로 탈출한 보스는 그곳에서 〔영국군으로 참전했다가〕 독일군에 포로로 잡힌 인도인을 모아 인도인부대(Indian Legion)를 창설했다. 베를린에서의 상황이 여의치 않게 된 후에는, 일본으로 건너가 일본군에 포로로 잡힌 인도인을 모아 인도국민군(Indian National Army)을 조직했다.

파시즘은 독립국에 준하는 지위를 유지한 비유럽 국가들에서도 어느 정도 공감을 샀다. 중국의 준군사조직인 남의사(藍衣社, Blueshirts)는 파시즘이 국민당의 내셔널리즘 운동에 활력을 불어넣어줄 것으로 기대했다. 그러나 남의사는 대중 운동이라기보다는 비밀결사에 가까웠다. 1932년에 장제스는 한시적인 정계 은퇴 후 국민당 지도부로 복귀하는 과정에서 남의사의 힘을 빌렸다. 권력을 되찾은 장제스는 체제 개혁을 위해 파시스트의 사례를 참조했지만, 유교의 도덕규범도 함께 이용했다.

라틴 아메리카에서는 독재에 의지하는 일이 빈번했다. 그곳에서도 일부 운동과 체제는 파시즘을 흠모했다. 그들은 대체로 이탈리아 파시즘의 권위주의적인 측면에 주목했다. 대중운동으로서의 파시즘은 번창하지 못했다. 경제적으로 빈곤한 사회는 정치적 동원화의 수준이 낮기 때문이다. 또한, 라틴 아메리카는 유럽에서 일어난 1차세계대전 및 그로 인한 정치의 잔혹화와 폭력화에 필적할 만한 대혼란의 경험이 없었다. 군의 지지를 등에 업고서, 독재 정부는 손쉽게 대중의 반대를 제압할 수 있었다. 무엇보다도 라틴 아메리카 국가에는 대체로 이렇다 할 만한 좌파 세력이 없었다. 독재가 워낙 흔하다보니, 누군가 라틴 아메리카의 무솔리니가 되기를 열망했다면, 평범한 마초 군사 지도자들 틈에서 자신의 존재감을 드러내고 구세주의 아우라를 풍기기 위해 꽤 힘겨운 싸움을 해야 했을 것이다.

브라질은 예외였다. 1930년에 제툴리우 바르가스(Getúlio Vargas)가 자유주의 과두정치제인 '구공화국(Old Republic)'을 전복했을 때, 브라질은 주요 수입원인 커피 가격의 폭락으로 인해 위기에 빠져 있었다. 경제 파탄과 사회 혼란 속에서, 파시스트인 통합주의자들(Integralists)과 공산주의자들의 입장이 극명하게 나뉘었다. 적어도 20만 명 이상의 당원을 보유한 통합주의자 정당은 자유주의를 배격하고, 내셔널리즘과 반유대주의, 반공산주의를 주창했다. 그들은 브라질의 다양한 종족들을 역사적·문화적 관점으로 규정된 하나의 브라질 민족으로 통합하고자 했으며, 정치적 후원관계를 국가와 체제에 대한 충성으로 대체하고자 했다. 그들은 동원화된 국가를 꿈꾸었으며, 파시스트의 의식과 경례, 제복(녹색 셔츠)을 모방했다. 파시즘이 종교에서 받은 영향을 추출해내기가 늘 어려운 것과 마찬가지로, 〔1930년 쿠데타의 출발점이 되었던〕 젊은 장교들의 군 개혁 운동(Tenentes Revolt)과 파시즘의 영향관계를 명확히 하기는 어렵다. 무솔리니 정권과 히틀러 정권은 브라질에 거주하는 이탈리아계 이민자들과 독일계 이민자들을 매개로 통합주의자들에게 더 많은 영향력을 행사하기 위해 경쟁했다.

루마니아와 헝가리의 파시스트들과 마찬가지로, 브라질의 통합주의자들은 점차 독재화한 정부와 마찰을 빚게 되었다. 1937년, 바르가스는 커피 농장을 소유한 엘리트 세력 및 도시 중산층과 연대하여 권위주의 체제인 '신국가(New State)'를 건설했다. 그는 외세에 영합했다는 명목으로 통합주의자 정당을 해체했다. 흥미롭게도 바르가스 정권은 친나치 단체들에 대해서는 훨씬 더 강경하게 대처했는데, 그것은 범라틴 민족의 연대를 호소한 이탈리아의 전략이 브라질에서 어느 정도 유효했기 때문이다. 바르가스 독재 정권은 이탈리아 파시즘의 권위주의적이고 가톨릭적인 측면을 부분적으로 모방했다. 통합주의자들은 광범위한 지지 기반을 형성하지 못했기 때문에, 정치적 인선과 특혜를 편의적으로 활용한 바르가스의 적수가 되지 못했다. 그들은 동유럽의 파시스트들처럼 가난한 농민들에 대한 호소력을 발휘하지도 못했다. 브라질의 농민은 여전히 농장주에게 예속되어 있었다.

아르헨티나의 후안 도밍고 페론(Juan Domingo Perón) 독재 정권은 라틴 아메리카에서 가장 파시즘적이었다. 아르헨티나는 라틴 아메리카에서 가장 산업화한 나라였고, (프랑스와 스페인의 보수적인 가톨릭 내셔널리즘에 뿌리를 둔) 급진적 우파의 전통이 깊었다. 페론은 1943년에 들어선 군사 정권에서 노동부 장관으로 정치적 영향력을 다지기 시작했다. 정권에 대한 대중의 지지를 끌어내기 위해 페론은 노동조합에 손을 내밀었다. 그는 노동자들과의 협상을 통해 복지 및 소득 재분배 정책을 도입했고, 그 대가로 노동조합은 아르헨티나의 국제적 위상을 강화하기 위한 정부의 활동을 지지해주었다. 군사 정권이 무너진 후, 페론은 선거를 통해 1946년에 대통령으로 당선되었다. 그는 내셔널리즘과 사회주의를 결합했고, 무솔리니를 존경했으며, 유일 정당 체제를 구축하고자 했다. 관찰자들이 파시즘과의 유사성을 본 것은 당연했다. 그러나 페론이 대중 정당을 앞세워 집권한 것은 아니었으므로, 이탈리아나 독일에서처럼 기존의 국가 조직이 허물어지지는 않았다. 페론은 반대파가 활동할 공간도 남겨두었다.

파시스트 운동의 실패

여러 정권과 운동이 파시즘을 부분적으로 모방했지만, 노골적으로 파시즘을 표방한 운동들은 대체로 집권에 어려움을 겪었다. 이들이 실패한 원인은 분명하지 않다. 경제적 위기와 공산주의에 대한 두려움은, 심지어 공산주의자들이 사실상 존재하지 않은 곳에서도 만연해 있었기 때문이다.

가장 설득력 있는 설명은 이렇다. 파시즘은 의회에서의 영향력과 거리에서의 투쟁을 잘 결합했을 때 가장 성공적이었다. 이탈리아와 독일, 그리고 정도가 조금 덜하기는 하지만 헝가리의 사례가 그러했다. 이탈리아와 독일의 파시스트들은 의회와 거리에서 모두 강력했다. 헝가리의 굄뵈시는 의회 정부의 수장이었지만, 외부의 세가 부족했기 때문에 연정 내부의 보수주의자들을 거스를 수 없었다. 프랑스의 경우, 의회 안에서 우파의 세력이 미약했다. 프랑스의 극우는 일반적으로 의회주의를 극도로 혐오했기 때문에 선거에 출마하는 것조차 거부했다. 따라서 정부 구성에 참여하는 데 필요한 의석수를 확보할 수 없었고, 거리에서의 성공을 집권으로 연결하지 못했다. 독일이나 이탈리아에서와 달리, 어차피 프랑스의 선거제도가 극단주의자들에게 불리하기도 했다.

동유럽과 브라질의 파시스트들은 선거에서 승리를 거두었다. 그러나 민주주의의 역사가 일천한 나라에서, 보수주의자들은 파시스트들이 심각한 위협을 가한다고 판단될 때마다 기꺼이 의회를 주저앉히곤 했다. 더군다나 동유럽의 파시스트들은 독일이나 이탈리아에서보다 사회적으로 더욱 급진적이었다. 유대인 재산의 몰수나 '외국인' 고용주에 대한 파업은 유대인을 포함한 소수 종족이 부르주아지의 큰 비중을 차지했던 동유럽에서는 더욱 위험해 보였다. 또한 파시스트들은 토지 분배를 요구하는 농민들을 지지함으로써 토지를 소유한 토착 엘리트 세력을 정면으로 공격했다. 안토네스쿠와 그의 무리는 공산주의만큼이나 사유재산을 무시하는 파시스트 운동에 반감을 보였다. 보수주의자들의 지지를 얻지 못한 동유럽의 파시스트들은 나치의 도움이 있을 때만 집권에 성공할 수 있었다. 하지만 나치는 극단적 내셔널리즘을 경계했기 때문에 그들을 늘 도와주지는 않았다.

제 6 장

재에서 되살아난 불사조?

우르-파시즘(ur-fascism, '시간을 초월한 파시즘' — 저자주)은 여전히 우리 주변에 존재한다. 그것은 때로 제복이 아닌 평범한 사복 차림이다. 누군가 '아우슈비츠를 다시 세워야겠다'거나 '검은셔츠단이 다시 이탈리아의 광장을 행진했으면 좋겠다'고 말한다면, 일이 훨씬 쉬울 것이다. 하지만 인생은 그리 단순하지 않다. 우르-파시즘은 더없이 무고한 모습을 가장하여 되돌아오곤 한다. 우리의 책무는, 날마다, 그리고 세계 어느 곳에서든, 우르-파시즘을 폭로하고, 새로운 사례가 나타날 때마다 그것을 규탄하는 것이다.

—움베르토 에코(Umberto Eco), 1995년 6월 22일

에코의 호소는 마음을 움직이는 힘이 있지만, 현대 사회의 파시즘을 이해하는 데 큰 도움이 되지 못한다. 만약 파시즘이 '사복' 차림일 수 있다면, 우리를 둘러싼 수없이 많은 운동 중에서 과연 어떤 것이 파시즘적인지 어떻게 알 수 있을까? 우리가 이해하는 파시즘과 가장 유사한 것을 의심해야 할까? 아니면 가장 덜 유사한 것에 주목해야 할까?

에코는 학문적 탐구를 위한 (더 나아가 모든 유익한 의사소통을 위한) 기본 규칙 하나를 어겼다. 어떤 명제가 유용하려면 그것을 반박할 수 있어야 한다. 즉, 그 명제가 참이 아님을 드러낼 수 있는 증거가 이론적으로 존재해야 한다. 만약 에코가 어떤 운동을 파시즘으로 본다면, 그 어떤 증거로도 그의 견해를 반박할 수 없을 것이다. 문제가 된 그 운동에서 파시즘의 이러저러한 핵심적 특징이 결여되어 있음을 누군가 지적한다 해도, 그는 언제나 이렇게 응수할 것이다. '아, 하지만 그들은 사복을 입고 있답니다.'

우리는 어쩌면 극우 지도자들이 그들의 추종자들, 특히 순수주의자들과 이야기할 때는 자신의 온건한 노선이 단지 파시즘을 숨기기 위한 속임수일 뿐, 집권 후에는 폐기될 것이라고 주장한다는 증거를 밝혀낼지도 모른다. 그렇지만 한 정당의 본질은 그 지도부에 의해서만 규정되지 않는다. 만약 온건화 정책이 성공적이라면, 온건한 당원의 수와 온건한 유권자의 지지가 늘어날 것이고, 그것이 지도부를 압박하여 예기치 못한 결과에 이를 수도 있다. 실제로, 이탈리아에서는 온건화 정책이 궁극적으로 신(新)파시스트들을 주류 보수 진영으로 편입시키는 결과를 낳았다. 이와 대조적으로, 영국국민당(British National Party, BNP)의 온건화 전략은 내분을 일으켜 당의 쇠퇴를 가져왔다.

이탈리아를 제외하면, 명시적으로 파시즘이나 나치즘을 표방하는 정당이 선거에서 의미 있는 득표수를 얻는 일은 지금껏 거의 없었다. 따라서 그들은 이 장의 중심 주제가 아니다. 나는 선거에서 일정 정도의 성공을 거둔 정당에 관심이 있다. 그들은 하나같이 파시즘이라는 명칭을 거부하지만, 그들의 적은 (그리고 드물긴 하지만 학자들도) 그들을 파시스트로 규정한다. 다시 한번 강조하지만, 나는 그들이 **실제로** 파시스트인지 아닌지의 문제에 답을 하려는 것이 아니다. 그 답은 파시즘을 어떻게 정의하느냐에 달려 있기 때문이다. 전간기와 현대의 극우 운동은 너무나 상이하기 때문에, 그들 모두를 포괄하는 정의는 일반적일 수밖에 없다.

나는 앞서 20세기 전반에 파시즘이 확산된 경위를 살펴본 것과 같은 방식으로 전후의 파시즘을 다룰 것이다. 우선, 오늘날의 운동과 전간기 운동 사이의 유사점과 차이점을 설명하되, 그 둘이 '근본적으로' 동일한지 여부를 가리는 그 불가능한 작업에는 손을 대지 않을 것이다. 다른 한편으로는 활동가들의 관점, 즉 그들이 파시즘을 어떻게 이해했고, 어떠한 근거에서 파시즘이라는 명칭을 거부했는지 살펴볼 것이다.

사후의 파시즘

1945년에 파시즘은 정치적으로 사형 선고를 받은 것이나 다름없었다. 전후 소련, 영국, 미국 정부는 파시즘에 대한 투쟁으로부터 그들의 정당성을 확보했다. 독일의 경우, 비록 여론 조사 결과로는 나치즘이 훌륭한 사상이었고 단지 실천이 잘못되었을 뿐이라고 생각하는 사람들이 많은 것으로 드러났지만, 지금껏 신(新)나치는 제한된 지역에서만 성공을 거두었다. 독일에서 반민주적인 정당의 설립은 헌법에 위배되며, 좌우를 망라한 그동안의 정권은 모두 파시스트 단체의 결성을 금지해왔다. 전후 기적적인 경제 성장과 정치적 안정이 지속된 덕분에, 독일의 그 어떤 정당도 이 금지령을 어길 수 없었다. 이탈리아 사회는 상대적으로 덜 안정적이었다. 하지만 1960년에 기독민주당(Christian Democracy) 정부가 정권 유지를 목적으로 신파시스트 정당과 손을 잡자, 이를 규탄하는 대규모 집회가 일어나 총리가 사임했다. 에스파냐의 프랑코 독재 정권조차 국제적 비난에 대한 두려움 때문에 기독민주주의 진영과 군주제 옹호자들이 팔랑헤를 수세로 모는 것을 용인할 수 밖에 없었다.

그러나 명백히 나치즘이나 이탈리아 파시즘에서 영감을 받은 운동이 다수 존재한다는 것은 부인할 수 없는 사실이다. 그중 일부는 파시즘이나 나치즘이라는 명칭을 공공연히 사용함으로써 의도적으로 자신을 사회의 테두리 바깥에 두고자 했다. 백인아리안군단(White Aryan Legion)의 지휘관 찰스 홀(Charles Hall)이 미국인 수사관에게 진술한 내용에 이러한 심리가 일부 반영되어 있다.

> 진정한 백인 분리주의자, 그러니까 진정한 국가사회주의자는… 항상 그렇게 느껴왔습니다. 언제나 스바스티카나 철십자가 같은 것에 매료되었지요… 스바스티카는 의심의 여지 없이 가장 큰 증오의 대상이지만, 사실은 세상에서 가장 사랑하고 소중히 여겨야 할 상징입니다… 스바스티카를 몸에 그려 넣거나 셔츠에 달 때, 우리는 전체 인구의 99.9퍼센트를 차지하는 다른 사람들로부터 자신을 분리하는 겁니다.
>
> (베티 E. 도브래츠Betty E. Dobratz, 스테퍼니 L. 섕크스메일Stephanie L. Shanks-Meile 공저, 『백인의 힘, 백인의 긍지: 미국의 백인 분리주의 운동‘White Power, White Pride’: The White Separatist Movement in the United States』에서 재인용)

홀과 같은 인물은 의식적으로 주류 정치와 사회를 거부한다. 1990년대 미국에서 공공연히 신파시즘을 표방한 단체들의 전체 회원은 기껏해야 1만에서 2만 명 정도밖에 되지 않았다. 이들은 파시즘에 대한 대중의 맹비난을 견디면서 동시에 미 극우에 존재하는 상당히 다른 성격의 전통과 경합해야 했다.

애국운동(Patriot Movement)을 예로 들어보자. 애국운동은 1993년 2월에 FBI가 텍사스 주(州) 웨이코의 한 종교집단 본부를 포위한 후 76명의 사망자가 발생한 사건을 계기로 생겨난, 다양한 무장단체들의 집합체다. 이들은 미국 혁명 정신을 이어받은 무장한 시민들이 연방 정부의 방종에 제동을 걸어야 한다고 생각했다. 오직 총을 든 시민들만이, 미국을 세계 질서에 순응시키려는 정부를 제지하고, 원문 그대로의 미 헌법을 수호할 수 있다는 것이었다.

애국운동에 속한 무장단체들은 파시스트나 현대 유럽 극우 세력들과 마찬가지로 내셔널리즘, 대중주의, 반공산주의를 특징으로 하지만, 매우 강력한 자유지상주의를 주장한다는 점에서 대조적이다. 그들은 운전면허증 발급이나 세금 부과와 같은 정부의 권리를 인정하지 않는다. 그들 중 일부는 정부가 헌법의 진정한 취지를 위반한다고 주장하며, 어떤 이들은 헌법이 국민의 자유를 구속한다고 말한다. 심지어 헌법이 미국이 줄곧 국제연합(UN), 교황청, 영국 왕실, 혹은 국제 금융권에 의해 지배되고 있음을 은폐하는 도구라고 주장하기도 한다. 세계화를 지향하는 연방 정부에 대한 이들의 적대감은, 유럽연합(EU)에 적대적인 유럽의 극단주의자들을 연상시킨다. 애국운동 단체 중 일부는, 본래 미국의 자유는 오직 백인에게만 주어졌으며 처음부터 흑인을 위한 것이 아니었다고 주장한다.

이제 유럽으로 가보자. 이탈리아 사회운동당(Italian Social Movement, MSI)의 사례는, 심지어 상대적으로 우호적인 환경에서도, 파시스트라는 명칭을 사용하는 데는 불이익이 따른다는 사실을 보여준다. 1946년에 창당된 MSI는 당당하게 무솔리니의 계보를 이었고, 초기에는 은밀히 잠행중이던 무솔리니 시절 파시스트들의 지도를 받았다. MSI가 살아남을 수 있었던 주된 원인은 이탈리아에 신뢰할 만한 민주적 보수 정당이 부재했기 때문이다. 보수 유권자들은 대체로 중도 성향인 기독민주당을 지지했다. 우익 정당을 지지함으로써 반공 세력이 분열될 것을 우려했기 때문이다. 하지만 기독민주당이 마뜩잖은 보수 유권자들은 MSI나 혹은 마찬가지로 세가 미약했던 군주제 옹호자들에게 표를 주었다.

약 반세기 동안 MSI는 파시즘이 남긴 상충되는 유산들, 이를테면 파시즘이 무엇이었냐를 둘러싼 다양한 계파와 견해 같은 것들과 씨름했다. 코포라티즘, 노동자의 경영 참여, 주요 산업의 부분적 국유화를 포함하는 MSI의 사회정책은 무솔리니 시절 급진 계파의 주장에 근간을 둔 것들이었다. MSI의 정치적 입장은 상대적으로 온건하여, 미국과 유사한 대통령 중심의 입헌 국가 체제를 지지했다. 당의 주도권을 쥔 쪽은 대체로 온건파였는데, 그들은 전통적 보수주의자들과의 연대를 주장했다. MSI에 가장 우호적인 유권자들이 무솔리니 집권 당시에 그를 지지해주었던 남부 보수주의자들이었기 때문이다. 1960~1970년대에는 불만을 품은 일부 급진 세력이 탈당해 테러 도발 운동을 펼쳤다. 주도 계파가 어느 쪽이든, MSI는 한 번도 9퍼센트 이상의 득표율을 올린 적이 없었고, 대개는 그에 훨씬 못 미쳤다.

1992년 10월, MSI는 거리행진과 노래, 로마식 경례로 무솔리니의 로마 진군 70주년을 기념했다. 그러나 같은 해에 무솔리니 파시즘과 MSI의 관계에 중대한 변화가 일어났다. 이 변화는 동유럽 공산주의의 몰락으로 촉발되었다. 위세 등등하던 이탈리아 공산당이 사회민주주의 정당으로 탈바꿈했고, 결과적으로 극우는 주적이 사라지게 되었다. 역시 같은 해에 움베르토 보시(Umberto Bossi)가 이끄는 북부연맹(Northern League)이 결성되었는데, 이들은 '아프리카스러운' 이탈리아 남부로부터 그보다 더 생산적인 이탈리아 북부를 분리해 자치권을 부여할 것을 요구했다. 대체로 남부에 지지 기반을 둔

MSI는 〔사실상 연방제를 요구한〕 북부연맹에 반대하고 기존 체제를 옹호했다. 이어서 1992~1993년에는 그때까지 이탈리아 정국을 주도하던 기독민주당이 비리 수사의 충격 속에서 무너져내렸다. 반파시즘은 더는 정치적 정당성의 잣대가 아니었다. 우파에게 득표의 기회가 열렸고, MSI는 그 기회를 붙잡았다.

잔프랑코 피니(Gianfranco Fini)가 이끄는, 무솔리니 파시즘과 개인적인 연관이 없는 새로운 세대의 활동가들이 MSI를 변모시켰다. 피니는 파시즘에 반대한 레지스탕스에 유화적인 태도를 보였고, 독재의 정당성을 부인했고, 가치 체계로서의 민주주의를 인정했으며, 무솔리니 파시즘의 인종주의적 법령과 선을 그었다. 이로써 MSI는 전에 이탈리아가 한 번도 가져보지 못한 정당, 즉 우익으로서의 자의식이 분명한 가톨릭 보수 정당이 되었다. 1995년에 MSI는 국민연합(Alleanza Nazionale, AN)이라는 이름으로 재창당함으로써 이러한 변화를 공식화했다. 한 해 전에 열린 총선에서 이미 그들은 14퍼센트의 득표율을 기록해, 미디어 재벌 실비오 베를루스코니(Silvio Berlusconi)가 이끄는 연정에 참여할 수 있게 되었다. 이후에도 AN은 우익 정부 구성에 빠지지 않고 참여했다. AN은 2009년에 베를루스코니의 자유국민당(People of Freedom Party)과 합당했다. (보수 진영 내부의 갈등은 계속되었다.)

AN은 명백히 무솔리니 파시즘에 뿌리를 두었다. '후기-파시스트(post-fascist)'라는 용어를 사용한 것은 그 사실을 반영하기 위함이었다. 당내 급진파는 2003년에 있었던 무솔리니의 손녀 알레산드라 무솔리니(Alessandra Mussolini)의 탈당 등 몇 차례 분열 사태를 겪으면서도 살아남았다. 그들 중 일부는 훌리건과 스킨헤드의 정치학에 공감을 표했다. AN은 공산주의자 안토니오 그람시(Antonio Gramsci)나 이탈리아의 하인리히 힘러로 간주되는 율리우스 에볼라(Julius Evola) 등과 같은 좌파와 우파의 혁명가들을 영감의 원천으로 꼽았다. 또한 AN의 주류 계파는 인종 불평등 사상을 거부했지만, 이민자를 민족 정체성에 대한 위협으로 보았다. 하지만 AN을 파시스트 정당으로 보려면 파시즘을 무척 폭넓게 정의해야 한다. 사실 이탈리아 우파에서 가장 극단적인 이들은 북부연맹이다. 그들은 이민자 문제에 집착하며, EU를 소아성애자들이 운영하는 기구라고 믿는다.

1945년 이후 프랑스에서, 어떤 운동이 정치적 영향력을 추구하면서 파시스트라는 명칭을 사용하기란 이탈아에서보다도 더 어려운 일이었다. 프랑스 고유의 극우 전통과 밀접히 연관되는 것도 바람직하지 않았다. 극우는 나치에 부역했기 때문이다. 1972년에 결성된 국민전선(National Front, FN)은 이러한 어려움을 잘 알고 있었다. FN은 이민자 문제를 선거에 이용하고자 했던 몇몇 단체의 연합으로 시작했고, 이들은 장

마리 르 펜(Jean-Marie Le Pen)을 대표로 선출했다. FN은 1983년 드뢰 시(市) 지방선거에서 17퍼센트의 득표율을 기록했다. 이후 당이 분리되고 2012년에는 르 펜의 딸 마린(Marine)이 아버지의 뒤를 이어 당 대표직을 맡는 등 혼란을 겪었지만, FN은 대체로 대통령 선거에서 15퍼센트를 크게 웃도는 득표율을 보였다. 2002년에는 좌파의 분열 덕분에 장마리 르 펜이 당시 재임중이던 자크 시라크(Jacques Chirac) 대통령에 이어 두번째로 많은 표를 얻어 결선 투표에 진출하기도 했다.

어떤 측면에서 FN은 파시즘과 유사하다. 반파시스트들에게 화해의 손길을 내민 피니와 달리, 르 펜은 홀로코스트에 대한 '수정주의적'(즉 홀로코스트가 일어나지 않았다고 보는) 시각에 동조한다는 의심을 불러일으켰다. 하지만 FN으로서는 파시즘으로부터의 어떠한 영향도 부인하는 것이 유리하다. 설립 당시 FN은 여러 갈래의 지지자들을 통합하고 광범위한 유권자에게 호소하려는 방편으로 '국민'이라는, 사회적으로 용인되기 쉬운 명칭을 채택했다. 그러나 FN의 강력한 경쟁자인 좌파 역시 그들의 레지스탕스 전적을 내세워 국민의 대변자임을 주장할 수 있었다. FN이 돌파구를 마련한 것은 실망한 보수주의자들의 표심을 공략하는 데 특히 집중한 덕분이었는데, 당시 그들은 자신들이 '진정한 우파'임을 강조했다. 최근 FN은 '국민-대중주의'를 표방한다. 이를 통해 그들은 국민이라는 명칭의 장점을 유지하고, 동시에 좌우를 막론한 기성 정치인들에 대한 보통 사람들의 환멸을 대변한다는 인상을 풍긴다.

FN은 인종주의를 부인하지만, 민족 정체성을 옹호한다는 명분으로 이민자의 본국 송환을 주장한다. FN의 사회정책은 '국민우선권'으로 요약된다. 이것은 주택, 복지, 교육 정책에서 '프랑스인'에게 우선적인 혜택을 제공한다는 뜻이다. 파시스트들과 마찬가지로, FN의 경제정책은 자유시장 체제와 코포라티즘 사이에서 갈피를 잡지 못했지만, 그러기는 파시스트가 아닌 다른 정당들도 마찬가지였다.

FN이 파시즘과 두드러지게 다른 점은 민주주의를 전면적으로 배격하지 않는다는 사실이다. 오히려 그 반대로, FN은 자신들의 목표가 국민투표와 의회 권한의 회복(제5공화국 체제에서 권력의 중심은 행정부에 있다)을 통해 국민의 주권을 강화하는 것이라고 선언했다. 그들은 이러한 개혁을 통해서 비(非) 선출직인 기술관료와 기성 정치인의 힘을 제한하고, 국민이 이민이나 사형제도, '민족우선권' 등과 같은 문제들과 관련하여 정말로 무엇을 원하는지를 제대로 반영할 수 있다고 주장한다. 전간기 파시스트들과 달리, FN은 경쟁선거의 철폐를 요구하지 않으며, 그들이 독재 정권의 수립을 도모한다는 증거도 없다. FN은 무솔리니나 히틀러가 했던 것처럼 선거와 폭력을 결합한 적도 없다. 또한 스킨헤드처럼 폭력 지향적인 이들이 FN에 매료되기는 하지만, FN이 과거의 파시스트들처럼 준군사조직을 거느리지는 않는다.

준군사조직의 포기는 단지 같은 목적을 다른 수단으로 추구한다는 뜻이 아니다. 히틀러와 무솔리니의 집권에 무장한 지지자들의 실력 행사가 필수적이었다는 사실은 그들 정권의 성격을 규정지었다. 만약 검은셔츠단과 SA, SS가 공무원과 경찰, 군의 일부 기능을 자임하려 들지 않았다면, 파시즘의 역사는 크게 달라졌을 것이다. 이들 준군사조직은 소기의 목적을 모두 달성하지는 못했다. 하지만 그들의 활동을 부수적인 것으로 치부한다면, 우리는 전간기 유럽의 파시즘을 거의 이해할 수 없을 것이다.

FN은 파시즘의 수용 가능성을 더욱 높이려는 의도에서 출발했을 수도 있다. 그러나 독재와 유일 정당 체제, 준군사조직을 제거하자 파시즘은 무언가 다른 것이 되고 말았다. 기본적으로 FN은 다수 의지의 절대적 집행을 민주주의와 동일시하는 (오늘날 지나치게 만연한) 경향을 이용하며, 민주주의에서 다양성과 관용을 떼어놓는다.

현대의 극우 운동을 전간기 파시즘과의 연속선상에서 파악하려 할 때 생기는 문제는 러시아의 사례에서 특히 잘 드러난다. 물론 검은100인단은 1914년 이전까지 왕성한 활동을 펼쳤고, 1917~1918년 적백 내전의 백파는 당시 유럽 전역을 휩쓴 반혁명운동의 일환이었던 것이 사실이다. 이 반혁명운동은 전간기 유럽의 파시즘을 구성하게 될 여러 요소를 낳았다. 그러나 공산주의 독재 정권의 수립으로 인해, 러시아는 파시즘의 발달로부터 차단되었고, 러시아 정치 지형의 준거점들이 달라졌다. 소련 붕괴 후 등장한 러시아 극우는 공산주의의 변이형이었다.

1993년 12월, 블라디미르 지리놉스키(Vladimir Zhirinovsky)가 이끄는 자유민주당(Liberal Democratic Party, LDP)은 두마(Duma, 의회) 의석을 위한 정당선택 투표에서 25퍼센트의 득표율을 기록했다. 사실 자유민주당이라는 이름은 당의 배경과 그다지 어울리지 않는다. LDP는 원래 스탈린주의의 내셔널리즘, 대중주의, 반유대주의적 요소를 이용하여 소외계층을 포섭하려는 의도에서 공산당의 주도로 창설된 당이다. 그러나 LDP는 곧 자신만의 동력을 갖추어갔다. 지리놉스키는 쇼맨이자 몽상가이며, 남성우월주의자에 극단적 내셔널리스트이기도 한, 매우 이색적인 인물이다. 자신의 한 표를 행사하면서, 그는 다음과 같이 선언했다. "정치적인 불능은 끝났습니다. 오늘은 오르가슴의 시작입니다. 단언컨대 모든 국민이 내년[대통령 선거—저자주]의 오르가슴을 느낄 겁니다." 지리놉스키의 메시지는 단순했다. 러시아 국민과 러시아 정신이 무릎 꿇은 러시아를 일으켜 세우리라는 것이었다. 그는 러시아 제국의 부활을 약속했고 외국인과 유대인을 공격했다.

지리놉스키는 여전히 러시아 정계에서 존재감을 유지하고 있지만, 위상은 높지 않다. 경쟁 세력이 그의 정책을 도용했기 때문이다. 그중 하나가 겐나디 주가노프(Gennady Zyuganov)의 주도 아래 극단적 내셔널리즘 운동으로 탈바꿈한 러시아 공산당이었다. 소비에트 공산주의에는 언제나 부자와 외국인에 대한 대중주의적인 적대감이 내포되어 있었고, 주가노프가 레닌과 스탈린을 존경하는 이유는 그들이 내전과 외세 침략의 소용돌이 속에서 나라를 지켜냈기 때문이다. 러시아 공산당은 이제 '서구 유물론에 입각한 마르크스주의' 대신 정신적인 내셔널리즘을 표방하며, 러시아 역사의 표상으로서 정교회의 권위를 인정한다. 주가노프는 자신이 고르바초프(Gorbachev)나 옐친(Yeltsin)같이 외세에 조종되는 배부른 재력가에 맞서 러시아 국민의 의사를 대변한다고 주장한다. 그는 한 번도 여성과 진지한 대화를 나누어본 적이 없음을 자랑스러워한다.

물론 러시아 공산당에는 이탈리아 파시즘, 그리고 분명 나치 국가사회주의와 유사한 부분이 많다. 하지만 러시아에서 독재 체제로의 복귀를 주장하기는 여전히 어려운 일이다. 프랑스의 르 펜과 마찬가지로, 주가노프는 시장경제나 민주주의와의 완전한 단절을 바라지 않는다. 그는 복수 정당 체제를 유지하고 의회의 권한을 강화하고 싶어한다.(공산당은 의회에서 세가 강하다.) 공산당은 1995년 12월 두마 선거에서 (러시아의 복잡한 정치 체제 안에서 가능한 한도 내에서) 승리를 거두었고, 주가노프는 대통령 선거에서 꾸준히 17퍼센트 정도의 득표율을 보여 블라디미르 푸틴(Vladimir Putin) 또는 그의 대리인과 격차가 많이 나는 2위를 기록했다.

주가노프는 계속 극우의 입장에서 푸틴을 공격했지만, 푸틴은 1999년과 2000년에 각각 총리와 대통령이 된 이후로 공산당의 정치적 안건을 상당 부분 자기 것으로 만들었다. KGB 관료 출신인 푸틴은 본래 인지도가 미약했지만, 체첸 분리주의자들을 가차없이 진압함으로써, 그리고 행동하는 사람이라는 이미지(그는 자신의 유도 검은띠를 자랑스러워한다)를 부각함으로써 엄청난 대중적 인기를 얻었다. 다원성이 완전히 말살되지는 않았지만, 1990년대에 비해 자유가 줄었다. 보수적인 정교회가—정교회는 동성애가 나라에 위협이 된다고 본다—상당한 영향력을 행사한다. 민주 시위는 제한되고, 극우 폭력은 상대적으로 용인되는 편이다. 푸틴은 자신을 '러시아식 민주주의자'로 묘사한다.

설명

현대의 극우와 역사적인 파시즘의 관계에 논란의 여지가 얼마나 많건 간에, 그리고 그 두 운동이 얼마나 상이하건 간에, 우리는 많은 사람이 둘 사이에 근본적인 공통점이 있다고 믿는다는 사실과, 믿음이 정치적 삶에서 매우 중요한 요소라는 사실을 외면하기 어렵다.

이 믿음에서 파생된 결과 중 하나는 극우 정당들 사이에 복잡한 얽힘이 존재한다는 사실이다. 영국 국민전선(National Front, NF)이나 이탈리아 MSI와 같은 선례는 프랑스 FN의 설립에 영향을 주었다. 영국 BNP는 MSI의 온건화에 반발해 분리 독립한, 공공연히 파시스트적인 집단과 연계되어 있다. 이들 중 여러 정당의 대표자들은 범유럽 차원의 모임에 참여해왔고, 일부는 유럽 의회에서 같은 단체에 속해 있다. 이러한 교류들에도 불구하고, 1945년 이전에 목격되던 것과 마찬가지로, 유럽의 극우 집단들 사이에서는 내셔널리즘에 기인한 경쟁과 이데올로기 논쟁이 계속되었다. 러시아의 LDP는 독일 극우와 유대를 형성했지만, LDP의 반독일 내셔널리즘 정서로 인해 둘의 관계는 이내 틀어졌다. 네덜란드의 내셔널리스트 헤이르트 빌더르스(Geert Wilders)는 르 펜을 파시스트로 규탄하며, 그와의 어떠한 관계도 거부한다.

극우의 다양성을 고려해볼 때, 극우의 발생에 대한 단순한 설명은 불가능하다. 세계화에 대한 반발은 명백히 하나의 출발점이 될 수 있을 것이다. 영국에서부터 러시아에 이르기까지, 극우는 모두 맥도날드를 성토하고 이민자를 공격한다. 서유럽의 극우는, 마치 미국의 극우가 UN을 공격하는 것과 마찬가지로, EU를 세계화의 앞잡이로 규탄한다. 동유럽의 신생 민주국이 EU로 통합되면서, 동쪽으로부터 유입되는 새로운 이민자의 물결에 대한 두려움이 촉발되었기 때문이다.

그러나 극우가 세계화를 공격한다고 해서 세계화가 극우의 원인이라고 단순하게 판단할 수는 없다('근대화'가 파시즘을 야기했다고 말할 수 없었던 것과 마찬가지다). 사실 세계화는 최근의 현상이 아니다. 민족국가들은 자본주의, 기술 변화, 통신의 발달로 인한 국제화 경향을 늘 중요한 문제로 인식해왔다. 1880년대의 급진적 우파는 유대계인 로스차일드(Rothschild) 은행이 세계 금융자본의 은밀한 힘을 상징한다고 보았다. '세계화'라는 용어가 특정 맥락에서 활용되는 이유와 방식을 살펴보면 더욱 많은 것을 알 수 있다. 자세히 살펴보면, 사람들은 무엇을 세계화로 볼 것인지에 대해 상당히 선별적인 태도를 보인다. 정치인들은 그들의 정책을 정당화하는 방편으로 종종 세계화를 끌어다 쓴다('임금 삭감을 받아들이지 않는다면, 국제적으로 경쟁력을 상실할 것이고, 그러면 일자리가 사라질 겁니다!'). 세계화를 완전히 거부하는 사람은 거의 없다. 예를 들어서, 프랑스의 작은 동네 서점 주인은 세계적인 인터넷 서점과의 경쟁이 불만스럽겠지만, 『해리 포터』 시리즈 번역본으로 인한 수입은 환영할 것이다. 우리는 극우가 세계화의 어떤 측면을 왜 공격하는지 질문해야 하며, 또한 세계화를 가로막는 국가 간의 장벽이 존재한다는 사실도 잊지 말아야 한다.

오늘날 극우에 대해 수용적인 태도가 증가한 첫째 이유는 더는 반파시즘이 정치 지형을 결정짓는 중요한 변수가 아니라는 사실에 있다. 세대가 바뀌면서, 반파시즘은 '기계적인' 의미로 퇴색되었다. 1968년의 학생 운동은 의도와 달리 반파시즘을 더욱 약화했다. 학생 운동가들은 기성세대가 자신의 권력을 정당화하기 위해 반파시즘을 타산적으로 이용할 뿐이라고 조롱했다. 그들은 당대의 정권을 모두 파시즘으로 단죄했고, 그 결과 파시즘이라는 용어에서 구체적인 의미가 사라졌다.

둘째 이유는 지식인들이 극단적 내셔널리즘을 재정의했기 때문이다. 그 효과로 외국인에 대한 혐오와 비관용은 자유-민주적인 보편 언어로 변환되었다. 그들은 자유주의적 가치를 세 가지 (때로 상충적인) 방식으로 재구성했다. 첫째 방식의 재구성에서는, 프랑스 사상가 알랭 드 베노아(Alain de Benoist)를 중심으로 한 1970년대 '뉴라이트(New Right)' 운동이 결정적인 역할을 했다. 뉴라이트는 1968년 학생 운동에 대한 반작용으로 일어났다. 그러나 그들은 전통적으로 우익이 기대온 영감의 원천에 일부 자유주의 사상을 결합함으로써, 보편적인 민주적 가치의 전복을 꾀하는 하나의 이데올로기를 구축했다. 뉴라이트의 산물은 대체로 새로운 것들이 아니다. 그들이 단지 전간기 파시즘에 영감을 주었던 (국가 간의 불가피한 투쟁, 적자생존, 개인 간의 필연적인 불평등성, 인종적 순수성의 필요 등을 역설한) 유사 과학적 사고를 업데이트했음은 어렵지 않게 알아볼 수 있다. 그들의 독창성은(급진적 나치주의자 오토 슈트라서Otto Strasser가 유사한 주장을 펼쳤던 점을 고려하면 절반의 독창성이라고 해야겠지만) 국가 내 소수자에 대한 차별을 정당화하기 위해 '평등권' 개념을 이용했다는 데 있다. 뉴라이트는 한 민족의 고유한 특질을 보존하기 위해서는 소수족에 대한 차별이 불가피하며, 그것은 모든 인종이 자신의 순수성을 지킬 권리가 있기 때문이라고 주장한다. 처음에는 이런 식으로 극단적 내셔널리즘을 업데이트하는 것이 큰 결실을 보게 되리라고 예상하기 어려웠다. 뉴라이트는 단지 소수의 (그러나 유럽 전역의) 지식인들에게만 공감을 샀기 때문이다.

게다가 자유주의를 내셔널리즘과 연결하는 둘째 방식도 존재했다. 핌 포르타윈(Pim Fortuyn)의 정당(LPF)은 2002년 네덜란드 선거전에서 일견 현대 우익의 전형을 보여주는 듯했다. 그들은 '네덜란드의 이슬람화'를 야기한 이민에 반대했고, 반인종주의 법안을 폐기하고자 했다. 그러나 공공연한 동성애자이기도 했던 포르타윈이 이슬람을 비난한 것은, 이슬람이 여성과 동성애자에 대한 서구의 관용적 태도와 권리 보장을 위협하는 '후진적인 종교'라는 이유에서였다. 포르타윈은 선거가 치러지기 전에 암살당했다. 그의 정당은 선전했지만, 곧 내분에 휩싸였다. 2010년에 이르러 지지자들은 대체로 헤이르트 빌더르스가 이끄는 네덜란드 자유당(Dutch Party for Freedom) 쪽으로 몰렸다. 자유당은 다른 유럽 국가들의 극우와 더 비슷하다. 그러나 자유당 역시 이슬람을 자유에 대한 위협으로 묘사하고, 장마리 르 펜을 '파시스트'라 비난한다. 이러한 '자유주의적 비관용'은 특히 네덜란드에서 더 두드러지지만, 다른 지역에서도 싹트고 있다. 프랑스의 마린 르 펜도 동성 결혼 반대를 전폭적으로 옹호하지는 않았고, 외국인 혐오증이 있는 스위스 민주중도연합당(Democratic Union of the Centre)에는 동성애자 당원이 있다.

자유주의의 재구성은 다음 셋째의 상충적인 방식으로 극우에 도움을 주었다. 1980년대, 영국의 마거릿 대처(Margaret Thatcher)와 미국의 로널드 레이건(Ronald Reagan)으로 대표되는 신보수주의자들이 좌파에 대한 공세를 시작했다. 경제적으로 이것은 자유주의 경제의 부활을 의미했고, 규제 완화로 구체화되었다. 그것이 동시에 세계 자유 무역을 의미했다는 점에서, 신보수주의(neo-conservatism)는 뉴라이트의 경제적 내셔널리즘과 상충되었다. 그러나 신보수주의자들은 전 지구적 경쟁의 시대에 국력을 강화한다는 논리로 시장 자유화를 정당화했다. 문화적인 문제들에 대해서 신보수주의는 명백히 반자유적이었고, 특히 이민과 동성애 문제에 대해 더욱 그러했다.

대처와 레이건이 민주적인 보수주의자였던 반면, 프랑스의 신자유주의(neo-liberalism)는 극우 진영에서 발달했다. 주류 보수 진영이 그것을 거부했기 때문이다. 당시 FN이 대중 정치의 영역으로 진출할 수 있었던 것은 주로 환멸에 빠진 보수 유권자들의 마음을 파고들었기 때문이며, 그 점에서 전간기 파시즘이 득세하게 된 과정을 연상케 했다. 세계 경제가 위기에 빠져 있던 1981년, 프랑스 사회당은 대통령 선거에서 승리했고, 역사상 최초로 좌파 절대다수에 기반을 둔 정부를 구성하게 되었다. 반면 우파는 지리멸렬한 내분으로 빠져들었다. 다른 나라에서 신보수주의가 활발했던 것과 대조적이었다. 초기에 FN을 지지한 유권자들 중에는 부르주아 계급, 중장년층, 가톨릭교도, 보수주의자, 반사회주의자가 상대적으로 많았고, FN의 노선은 자유시장을 원한 이들 지지자를 충족시켰다. FN의 인종주의는 자유주의 경제를 더욱 강화하는 쪽으로 작용했다. 그들에게 아랍인은 시장 경쟁의 능력이 없어 복지 혜택으로 무위도식하는 '부적자(unfit)'의 상징이었기 때문이다.

시간이 흐르면서 FN은 자유주의 경제론을 기각했지만, 주류 우파는 (비일관된 방식으로나마) 그것을 받아들였다. 여전히 FN은 주로 우파, 특히 지방 소도시에 거주하는 우파 유권자들에게서 가장 많은 표를 얻고 있다. 또한, 지방 선거 수준에서 FN은 좌파가 아닌 우파와 정치적으로 협력한다. 하지만 이제 FN은 젊은 남성 노동자들의 선호 정당이기도 하다. 이들은 실업자인 경우가 많고, 상대적으로 교육 수준이 낮으며, 대도시 주변의 공업 단지에 거주한다. 1995년 대통령 선거에서, FN은 노동자들 사이에서 30퍼센트의 득표율을 기록함으로써 사회당과 공산당을 앞질렀다. FN 내부에서는 의회 내 우익과의 동맹을 추구하는 이들과, 좌파 유권자에게 집중하고자 하는 이들 사이에 갈등이 일어났다. 2000년대에 이르러 FN은 대체로 신보수주의를 포기했고, 외국인 노동자와 세계화로부터 프랑스인의 일자리를 보호한다는 입장을 채택했다. 이러한 정책은 다수의 우파 유권자들에게서도 여전히 지지를 얻고 있다. FN의 경우와 마찬가지로, 유럽의 다른 지역에서도 극우가 빈곤 계층의 지지를 받고 있다.

이 같은 현상의 명백한 원인 중 하나는, 서구 경제의 탈산업화로 인해 지난 수십 년간 비숙련 남성 노동자들의 실업률이 증가했다는 사실에 있다. 러시아와 구동독에서도 자유시장 개혁의 여파 속에서 중공업과 농업이 붕괴했고, 이들 산업군에 종사했던 근로자들이 극우의 지지자가 되었다. 경제적 어려움은 문화적인 박탈감으로 이어진다. 많은 젊은 남성들이 노동에서 오는 정체성과 지위를 더는 누리지 못한다. 과시적 소비를 조장하고 소비재와 성적 매력이 동일시되는 문화적 환경 속에서, 가난한 젊은 남성은 소외감을 느낀다. 그들은 계층 간 불평등에 비해 성별, 인종, 성적 정체성에 근거한 차별을 더욱 중요한 문제로 취급하는 정부에 분개한다. 정부는 분명 계급 불평등을 무시한다. 다른 문제들과 달리, 그것은 자본주의의 내재적인 속성이기 때문이다. 결과적으로 극우는 부유층과 전문직 여성에게 반감을 품는다. 교외의 빈민가에서, 젊은 백인 남성들은 이민자들과 충돌하며, '그들의' 여성이 이민자들로 인해 범죄와 폭력에 노출된다고 주장한다. 그들 중 일부는 자신을 압제당하는 '소수자'로 표현하는 정당들에 우호적이다. 어떤 면에서는 맞는 표현이다. 물론, 가난한 백인은 지배적인 종족 집단 내에서 소외 계층에 해당하며, 그래서 경찰과 언론은 이민자들보다 이들에게 더욱 동정적이지만, 가난한 백인을 특권 계층으로 보기는 어렵다.

극우에 우호적인 노동자들이 생겨나는 이유는, 1990년대부터 여러 사회주의 정당들이 신보수주의 의제를 채택했다는 사실과 부분적으로 관련이 있어 보인다. 좌파와 우파의 차이가 흐려졌고, 양편 모두 대체로 경제 체제의 변화로부터 혜택을 본 사람들의 의사를 대변한다. 변화의 희생자들은 그들을 대변해줄 정치세력을 잃었다. 좌파가 더 많은 표를 찾아 우경화함에 따라, 보수 정당은 좌파와의 차별화를 위해 외국인 혐오증을 이용한다. 이에 질세라, 좌파는 그들 역시 이민자 문제에 대해 단호히 대처하겠다며 유권자를 설득한다. 반이민 정책은 존중받아 마땅한 의제가 되었고, 이 점이 극우를 불필요하게 만들기도 하고, 극우에 정당성을 부여하기도 한다. 어느 쪽이든, 이민자들에게는 불리한 상황이다.

전술한 내용에서 분명히 드러나는 사실은, 현대의 극우를 낳은 조건들은 이탈리아 파시즘 및 나치즘의 발생 배경과 매우 다르다는 것이다. 하지만 전간기 동안에도 유럽 각지의 구체적인 상황들은 서로 크게 달랐고, 심지어는 개별 국가 안에서도 사람들은 저마다 다른 이유로 파시즘을 받아들였다.

결론

지금까지 검토한 사례들이 보여주듯이, 파시즘의 유산을 공공연히 계승한 운동들은 대부분 주류 정치의 장으로 진입하지 못했다. 민주주의의 시대라 여겨지는 오늘날의 환경에서 극우의 수용 가능성을 높이고자 힘쓴 이들은 다양한 방향으로 움직였다. 피니의 AN은 결과적으로 주류 보수—두드러지게 우편향인 베를루스코니 진영이기는 하지만—로 흡수되었다. 반대편 극단에는 독일의 폭력적인 극우 정당들이 있다. 이들은 다수의 스킨헤드족을 당원으로 두었고, 이민자들에게 폭력을 행사한 전력이 있으며, 정치적 영향력은 미미하다.

파시즘의 가장 성공적인 계승자라 할 수 있는, 이를테면 FN과 같은 운동들은 민주적 적법성의 테두리 안에서 활동하는 인종주의적이고 대중주의적인 정당으로 변모했다. 약간의 변형이 가미된 유사한 사례로 외르크 하이더(Jörg Haider)의 자유당(Freedom Party, FPÖ)이 있다. FPÖ는 1999년 10월 오스트리아 총선에서 두번째로 많은 의석을 차지했다. FPÖ는 이후 지도자의 죽음과 EU의 제재, 자유시장 및 복지 관련 정책을 둘러싼 내홍과 분당 등을 견뎌냈고, 오스트리아 정치권에서 여전히 중요한 위치를 차지하고 있다. 영국의 BNP는 잠시나마 주류 정치권으로의 돌파구를 찾은 듯해 보였으나, 2011년 즈음에는 영국독립당(UK Independence Party, UKIP)의 약진으로 인해 타격을 입었다. UKIP는 보수주의자들이 전통적으로 반감을 품어온 대상들과 더불어 동유럽 출신 이민자들을 적대했다.

전간기 파시즘과 현대의 극우 운동 사이에는 실질적인 연속성이 있다(극단적 내셔널리즘과 소수 종족에 대한 차별, 반페미니즘, 반사회주의, 대중주의, 기성의 사회적·정치적 엘리트 세력에 대한 반감, 반자본주의, 반의회주의 등이 그 예다). 둘 사이의 차이점도 그에 못지않게 중요하다(현대의 극우 운동은 대중 동원, 준군사조직적 폭력, 유일 정당 체제를 추구하지 않는다). 대체로 현대의 극우는 민주주의를 전복하기보다는 민주주의에 잠재된 차별의 가능성을 활용하고자 한다. 이것은 현대의 극우가 파시즘보다 '덜 악하다'거나 '덜 위험하다'는 뜻이 아니다. 도덕 문제에 대해서는 마지막 장에서 다시 다루겠다.

제 7 장

파시즘, 민족, 인종

이탈리아 파시즘과 나치즘은 모두 인종주의적이었지만, 둘의 인종주의는 같지 않았다. 나치 독일에서는 생물학적 인종주의가 대내외 정책의 모든 측면을 파고들었다. 이탈리아에서도 인종 보건에 대한 관심이 사회정책의 바탕을 이루었고, 식민정책은 노골적으로 인종주의적이었으며, 반유대 법령이 제정되었다. 살로 공화국은 유대인 말살을 위한 나치의 '최종 해결책(Final Solution)'에도 가담했다. 그러나 나치의 압력이 없었어도 이탈리아 파시스트들이 그들만의 최종 해결책을 시행했을 거라고 주장할 사람은 없다. 유대인에 대한 나치의 범죄는 역사상 그 유례를 찾아볼 수 없기 때문에, 이탈리아 파시즘과 나치즘을 '파시즘'이라는 동일 범주로 분류하는 것에 대해

회의적인 학자들도 많다.

우리가 파시즘이라는 개념을 사용하려면, 개념만으로는 특정 운동이나 정권의 실제적인 역사를 설명해주지 못한다는 사실을 반드시 염두에 두어야 한다. 역사적 차이는 대단히 중요한 의미를 지녔다. 우리는 무솔리니 정권과 히틀러 정권이 시행한 인종 정책의 사실적·개념적 차이점들이, 두 정권 사이의 관계 및 파시즘의 국제적 수용 과정에 매우 중요한 변수로 작용했음을 확인하게 될 것이다.

인종 문제는 최근 극우의 부활 과정에서도 동일하게 복잡한 변수로 작용했다. 현대의 극우는 보편적으로 반이민 정책을 중시하지만, 말살을 주장하는 경우는 드물다. 그들은 표면적으로는 인종 간 불평등이라는 개념—이탈리아 파시스트와 나치에게는 신앙과도 같았던—을 거부한다. 남아프리카 공화국의 인종 분리주의(apartheid) 정권이 그랬던 것처럼, 그들은 여러 인종이 (성별과 마찬가지로) '동등하지만 서로 다르다'고 주장한다. 조금만 들여다보아도 그들의 주장이 허위임을 쉽게 알 수 있지만, 그렇게 주장한다는 사실은 그 자체로 중요하다.

생물학적 인종주의와 문화적 인종주의

논의를 더 진전시키기 전에 몇 가지 구분할 것이 있다. 그렇게 하는 이유는, 이론적 범주화를 위해서가 아니라 활동가들이 그러한 구분에 따라 행동했기 때문이며, 그로 인해 초래된 현실적인 결과들이 있기 때문이다. (그 때문에 사람이 살거나 죽었다.) 첫째, 인종주의와 반유대주의는 함께 묶을 필요가 없다. 유대인들을 유대교도가 아니라 하나의 인종으로 바라보기 시작한 것은 비교적 최근의 현상이다. 둘째, 인종주의의 종류를 구별해야 한다.

반인종주의자들은 종교, 언어, 문화적 차이는 그것이 누군가를 해치지 않는 한 온전히 수용되어야 한다고 주장한다. 한 나라의 역사에 대한 지식이나 축구 국가대표팀에 대한 응원 따위로 '충성도 시험'을 해서는 안 된다. 또한 종족이 다르다는 이유로 범죄의 혐의가 가중되어서는 안 되며, 법을 어긴 사람은 같은 처분을 받아야 한다. 모든 사람은 '적법절차'에 대한 평등한 권리를 가지며, 유죄가 입증되면 동일한 처벌을 받는다. 즉, 시민권자가 아니라고 해서 형 선고와 함께 국외로 추방을 당하는 '이중의 처벌'을 받아서는 안 된다. 그것은 차별에 해당하기 때문이다. 반인종주의자 중에는 **다문화주의**—문화적 차이는 그것이 타인에게 해가 되지 않는 한 인정되어야 한다—를 옹호하는 이들도 있다.

가장 경직된 형태의 인종주의는 인종이 **생물학적으로** 결정된다고 주장한다. 생물학적 특성을 바꿀 수 없듯이, 다른 민족의 일원이 되는 것도 불가능하다. 그래서 나치는 사실상 독일인으로 가장해 살아가는, 동화된 유대인들이 더욱 위험하다고 여겼다. 생물학적 인종주의는 또한 고등 인종과 열등 인종을 구분하며, 열등 인종은 고등 동물과 명확히 구분되지 않는다고 보았다. 이들 '아(亞)인간(sub-humans)'은 고등 인종의 이익을 위해 이용하거나 심지어 죽일 수도 있는 대상이었다. 19세기 말 이후, 일부 극우주의자들이 유대인을 유대교도가 아니라 하나의 인종으로 바라보기 시작했고, 나치가 그러한 생각을 채택했다.

20세기 초에 인종적 관점을 가진 교육받은 유럽인들은 대체로 **동화주의자**였다. 그들은 누구나 한 나라에 함께 살면서 그 가치와 언어를 배우고 어쩌면 종교까지도 받아들임으로써, 그 나라의 문화에 '동화'될 수 있다고 믿었다. 동화주의는 누구나 동화를 통해 민족국가의 일원이 될 수 있음을 의미했기 때문에 정치적 진보성과 연결되기도 했다. 이러한 배경에서, 19세기 프랑스와 헝가리의 자유주의 정부는—차이의 공개적 표출을 삼간다는 조건으로—유대인에게 시민권을 부여했다. 마찬가지로, 소비에트 러시아에서 유대인들은 관료 조직의 상층부로까지 진출했지만, 차이의 표현은 정부에 의해 가차없이 엄단되었다. 다수자의 문화적 특징에 순응하지 않는 것으로 의심되는 이들에 대해서, 동화주의자들은 종종 인종주의적 태도를 보였지만, '오직' 동화하지 않는(다고 여겨지는) 개인을 겨냥했을 뿐, 그들이 속한 종족 집단 전체를 겨냥하지는 않았다. 현실적으로는 인종에 대한 동화주의적 사고와 생물학적 사고가 늘 명확히 구분되지 않았다. 하지만 상황에 따라서는 그 둘의 차이가 중대한 결과를 낳았다.

전간기 유럽에서 동화주의는 때로 소수 언어 집단의 학교를 폐쇄하는 등 강압적인 조치를 수반했다. 또한, 개인이 동화되는 데 필요하다고 여겨진 시간의 양이 많은 것을 좌우했다. 바레스는 프랑스인들이 수세기에 걸쳐 프랑스 대지와의 접촉을 통해 프랑스인다움을 흡수했다고 주장했다. 그는 또한 유대인은 한 번도 토지를 경작해본 적이 없는 도시인이기 때문에 결코 완전한 프랑스인이 될 수 없다고 보았다. 전간기 동안, 이러한 '혈연과 토지'의 내셔널리즘이 파시스트와 비(非)파시스트를 포함한 유럽 우익 전체에 팽배해 있었다. 이러한 형태의 내셔널리즘은 소수 종족이 거주국에 귀화할 수 있는 여지를 거의 남겨주지 않았기 때문에, 잠재적으로 매우 배타적이었다.

인종주의의 종류별 차이는 이후 더욱 흐려졌는데, 그것은 심지어 나치조차 생물학적 논리와 동화주의적 논리를 혼용했기 때문이다. 나치는 인종적으로 독일인과 가깝다고 생각한 이들에게는 동화를 강요했다. 국가사회주의 국민복지기구

(National Socialist People's Welfare Organization, NSV)는 독일인의 아이를 낳은 네덜란드와 노르웨이의 여성들을 강제로 독일에 정착시켰다. NSV는 폴란드의 보육원에서 아이들을 납치하고, 훈육과 중노동을 통해 그들을 독일인화하는 데 힘썼다. 나치의 '전문가'들은 학술지상에서 특정 집단들의 동화 가능성을 논의함으로써, 나치 정책에 과학적인 무게를 실어주었다.

또다른 문제는 인종주의가 결코 극우의 전유물이 아니었다는 사실이다. 때로는 명료하게, 때로는 무의식적으로, 인종주의는 좌익의 사고와 실천에도 영향을 주었다. 좌파 인종주의의 역사는 이 책의 주제를 벗어난다. 하지만 좌파가 동화의 가능성에 대해 대체로 더 낙관적이었다는 점, 그리고 그들은 대개 인종 정책을 사회악에 대한 만병통치약으로 여기지 않았다는 점은 기억해둘 만하다. 사회주의자들은 보통 인종보다 계급을 더욱 중요시했고, 자유주의자들은 인종적 배경을 불문한 모든 사람의 권리를 강조했다.

나치즘

나치의 인종주의는 단순 명료해 보이지만, 한때 일부 학자들은 그 심각성을 축소 해석한 적이 있다. 마르크스주의자들이 보기에 반유대주의는 노동자들이 고통을 당하는 실제 원인을 숨기기 위해 자본가들이 사용한 은폐 수단이었다. 베버주의자들의 주장에 따르면, 유대인은 파시스트들이 혐오해 마지않던 근대 세계를 대변하는 하나의 편리한 상징이었다. 이러한 해석들은 그 자체로 유효하지만, 인종주의는 다른 목적을 달성하기 위한 수단만이 아니었다.

나치즘에 대한 최근의 해석들은, 인종이 나치즘의 모든 측면을 관통한 문제였음을 보여주었다. 이것은 다른 고려 사항들은 중요하지 않았다거나, 혹은 인종주의가 '핵심'이었고 다른 모든 것들은 그로부터 파생되었다는 뜻이 아니다. 우리는 다른 고려 사항들, 그리고 간혹 인종주의와 상충되는 사항들(예를 들면 동맹국의 심기를 건드리지 말아야 할 필요성 등)도 인종 정책에 반영되었다는 것을 확인하게 될 것이다. 나치 체제의 중심부에 있었다고 봄직한 인물들도 인종 정책의 면면에 대해서 서로 의견이 달랐다.

그러나 히틀러는 인종이 세계를 움직이는 원초적인 힘이라고 믿었고, 그것은 끔찍한 결과를 낳았다. 그는 생물학적 인종주의의 모든 가정을 신봉했다. 『나의 투쟁』에서 그는 아리아인을 최상위로 하는 인종의 위계질서를 제시했고, 인종 간에는 지배권을 차지하려는 다윈적 투쟁이 존재하며, 각 인종에는 순수성을 추구하는 의지가 있다고 가정했다. 개인과 집단은 인종의 이익을 위해 자신을 희생함으로써 성취감을 얻는다고 했다. 히틀러가 보기에, 유대인은 아리아인을 약화하기 위해 끊임없이 투쟁했고, 그 수단으로서 세계주의적인 자본주의와 공산주의를 조장하고 '건강한' 국가 간의 전쟁을 선동했다. 히틀러는 또한 성매매를 매개로 한 매독 및 유전성 질환의 감염을 통해 유대인이 아리아인을 더럽힌다고 보았다. 여기서 인종 문제에 대한 나치의 우생학적 해결책, 즉 선택적 생식, 부적자에 대한 단종 수술, 건전한 인구집단을 위한 복지 입법 등이 도출되었다. 히틀러는 인종 말살을 명시적으로 언급하지는 않았지만, 그가 유대인을 묘사하는 데 사용한 단어들—세균, 거머리, 기생충—은 대량 살상을 정당화했다.

역사가들이 정확히 지적한 바와 같이, 나치가 집권을 도모하던 시기만 해도 유대인은 나치가 보수진영의 지지를 끌어내기 위해 적으로 지목해 공격한 몇몇 대상들(폴란드인, 가톨릭교도, 공산주의자, 사회주의자) 중 하나였을 뿐이다. 유대인들은 직접적인 위협이 아니었기 때문에 아직 주된 공격 목표가 아니었다. 그러나 히틀러와 그의 추종자들은 반유대주의에 집착했고, 나치의 선전 활동에는 줄곧 반유대주의가 내포되어 있었다. 1932년 대통령 선거전의 포스터를 예로 들어보자(그림 7). 포스터 상단에는 여러 사회주의자와 공산주의자의 초상이 나열되어 있고, 그 위에 '우리는 힌덴부르크를 지지한다!'라는

7. '우리는 히틀러를 지지한다'. 1932년 대통령 선거전 당시 포스터.

문구가 히브리어를 흉내낸 서체로 쓰여 있다. 하단에는 전통적인 게르만어체로 쓰인 문구와 함께, 히틀러에게 표를 던질 나치 지도부의 사진이 보인다. 다른 포스터에는 악마의 형상을 한 공산주의자와 함께, 역시 악마 같은 모습으로 그의 귓가에 뭔가를 속삭이는 유대인이 그려져 있었다.

유대인의 말살은 불가피한 일이 아니었다. 그러나 나치는 공산주의에 대한 승리자이자 독일 부활의 설계자로서 얻은 대단한 신망 덕분에, 자신들의 인종주의적 기획을 마음먹은 대로 추진할 수 있었다. '수권법'이 통과된 후 그들이 가장 먼저 취한 조치 중 하나가 공무원 조직과 전문직종에서 유대인 고용을 제한한 것이었다. 1935년에는 유대인과 아리아인 사이의 결혼 및 성관계가 금지되었다. 명시적으로는 인종주의적이지 않은 다른 법령들에도 인종주의적인 의도가 있었다. 1933년 7월에 제정된 '유전성 질환을 가진 후손의 예방을 위한 법'은 특정 인구 집단에 대한 강제적인 단종 수술을 가능하게 만들었다. 가정과 가족에 헌신하는 여성들에게 제공된 혜택은, 인종적으로 바람직한 인구를 증가시키기 위한 것이었다. 1935년에는 결혼을 원하는 모든 이들에게 인종 적합성 증명서가 요구되었다. '인종적 가치가 낮은' 이들은 결혼 자금 대출이나 대가족 지원금이 거부되었다. 전쟁이 시작되기 얼마 전부터는 정신질환자들과 지적장애인들이 조직적으로 살해되기 시작했다. 이러한 모든 조치는, 열등한 인종을 전쟁으로 제압하고 동부의 생활권을 정복하기에 적합한 인구, 인종적으로 순수하고 심신이 건강한 인구를 양성하기 위함이었다. 초기의 의도는 삶이 고단해진 유대인들이 스스로 나라를 떠나도록 유도하는 것이었다. 그러나 그들의 자산이 동시에 나라를 빠져나가는 것에 대한 나치 정부의 아쉬움, 그리고 그들을 이민자로 받아들이기를 주저한 다른 나라 정부들로 인해 상황은 다르게 전개되었다. 이른바 수정의 밤(Kristallnacht)으로 불리는 1938년 11월 9일과 10일에 걸친 대학살은 나치 활동가들의 요구와 히틀러의 환심을 사려던 괴벨스의 열망이 맞물린 결과였다. 유대인 재산에 대한 정부 차원의 약탈이 뒤따랐다. 여전히 목표는 유대인의 이주였으나, 불길하게도 SS가 이후 반유대 정책에 더욱 큰 영향력을 행사하게 되었다.

나치의 유대인 정책이 마지막 극단으로 치달은 것은 동부에서 전쟁이 발발하면서부터였다. 하지만 '유대-볼셰비즘'과의 전쟁은 나치의 오랜 목표였다는 점을 기억할 필요가 있다. 1939년 1월, 히틀러는 만약 유대 금융계가 유럽을 전쟁으로 몰아넣는 데 성공한다면, 그 결과는 '세계의 공산화와 유대인의 승리가 아니라, 유럽 유대인의 절멸'이 될 것이라고 역설했다. 여전히 일부 나치당원은 분노에 찬 그의 선언을 '자발적' 이주에 대한 합리화로 해석했다. 다른 이들은 마다가스카

르나 폴란드로의 강제적—당연히 많은 사상자를 수반할—이주를 의미한다고 보았다. 히틀러의 선포는 또한 점령지 폴란드에서의 유대인 학살에 면죄부를 주었다. 1939년 12월부터 시작된 게토 수감과 강제 노역, 추방은 일반적인 인간 행동 규범에서 심각하게 벗어난 조치들이었다. 이어진 소련 침공 준비 과정에서는, (확인되지 않은) 특정 직급 이상의 공산당 간부, 당과 정부에 고용된 유대인, 급진주의자, 파괴공작원(saboteurs), 선전활동가 등을 제거하라는 명령이 SS 특임부대(Einsatzgruppen)에 하달되었다. 특임부대는 이와 함께 엄청난 재량권을 부여받았고, 누군가를 유대인이나 공산주의자라고 판별하기가 현실적으로 어려웠으므로, 재량의 폭은 그만큼 넓었다. 특임부대는 점령지 '작전'에서 수십만에 달하는 유대인을 학살했다(그림 8). 1941년 말 즈음에 히틀러와 그의 부하들은 1939년 1월의 예언이 조만간 실현될 것으로 내다보았다. 문제는 유대인 말살 여부가 아니라 어디서, 어떻게, 언제 그것을 시행하느냐였다. 1942년 초에는 수용소에서 죽을 때까지 노역을 시키거나 즉각 살해하는 것으로 결론을 내렸다. 결과적으로 총 600만 명의 유대인이 목숨을 잃었다.

한 가지 중요한 사실은, 나치 지도부가 1942년 봄까지는 볼셰비즘에 대해 머지않아 승리를 거둘 것으로 가정했고, 유대인에 대한 **최종** 해결책은 종전 후에 시행하기로 마음먹고 있

8. 나치 특임부대가 (현재는 우크라이나 영토인) 폴란드 시니아틴에서 유대인을 살해하고 있다. 1943년 5월 11일.

었다는 것이다. 전쟁이 길어질 것을 깨달은 후에야, 그들은 전쟁중에 최종 해결책을 시행하기로 했다. 말살 계획의 수정은 나치와 동맹국 간의 관계에 영향을 미쳤다. 유대인 학살은 본래 유럽의 인종적 재구성을 목표로 하는 더욱 광범위한 계획의 한 부분이었다. 하지만 나치는 〔이 광범위한 계획에 수반될〕 영토 조정과 거주민 이전이 동맹국을 분열시킬 것을 잘 알고 있었고, 긴 전쟁에서 동맹국의 도움은 그 어느 때보다도 절실했다. 결과적으로 나치는 오직 유대인 문제에 집중할 수밖에 없었다. 1930년대 이래로, 반유대주의는 나치즘이 이탈리아 파시즘을 제치고 영향력을 확장할 수 있었던 주요 원인 중 하나였다. 이제 나치는 동맹국들을 최종 해결책에 동참하게 함으로써 결속을 다지고 충성도를 시험하고자 했다. 동맹국들은 그 사실을 잘 알고 있었다. 전세가 추축동맹에 불리해지자, 동맹국들은 그들의 인종주의를 나치의 인종주의와 구별하기 시작했다. 인종주의의 종류 구분은 대단히 중요한 문제가 되었고, 독일의 최우선 동맹국인 이탈리아에 특히 큰 의미가 있었다.

이탈리아 파시즘, 반유대주의, 인종

과거 역사학자들은 이탈리아 파시스트의 반유대주의가 독

일에서 수입된 것이라고 주장했다. 그들은 이탈리아의 반유대주의가 독일에서만큼 강하지 않았고, 파시스트당과 정권에서 요직을 차지한 유대인도 있었음을 강조했다. 이는 정확한 지적이다. 무솔리니의 정부 중 한 명인 마르게리타 사르파티(Margherita Sarfatti) 역시 유대인이었다.

그러나 최근의 연구 결과는 이탈리아에서도 인종주의와 반유대주의의 전통이 존재했음을 보여준다. 1910년 창설 이래, 이탈리아 내셔널리스트 협회(INA)는 제국주의를 정당화하려는 방편으로 인종주의를 사용했고, 우생학이 이탈리아를 인종적으로 개선해줄 것이라고 주장했다. 1930년대 이전까지 인종주의의 실질적인 효과는 주로 국내적인 것이었다. 파시스트들은 이탈리아의 통일을 완수하고자 했고, '갈색 및 황색 인종'과 경쟁해야 할 필요성을 들어 이 목표를 정당화했다. 내셔널리스트들은 인류학자 주세페 세르지(Giuseppe Sergi)와 같은 학계의 우생학 지지자로부터 도움을 받았다. 세르지는 인구의 질과 양을 증진함으로써 이탈리아인이 결국 식민지 정복이라는 운명적 과업을 달성할 수 있으리라고 주장했다.

통일 완수 과정은 소수 종족에 대한 적대 행위를 수반했다. 그들이 국경 분쟁 지역에서 특히 위험스러운 존재로 보였기 때문이다. 집권 전 세력 확장기의 파시스트 행동대는 서북 지역의 '열등한' 슬라브계 소수 종족을 공격했다. 권력을 장악한 후, 파시스트 정권은 1차세계대전 후 병합된 남티롤 지역에 거주하는 독일계 소수 종족에 대해 강제 동화 정책을 시행했다. 정권은 불분명한 인류학적·역사적 근거를 인용하여 티롤 지역의 독일어 사용자들이 사실은 합스부르크 제국 시절에 독일인화되었던 이탈리아인이라고 주장했다. 그리고 이러한 추정을 근거로 이탈리아식 성을 강요하고, 독일어 신문을 탄압하고, 행정업무에서 이탈리아어 사용을 의무화하고, 독일어 학교를 폐쇄했다. 히틀러는 이탈리아와 우호 관계를 유지하고 싶었기 때문에 이러한 차별 조치를 묵인했다.

반유대주의는 상대적으로 그 기세가 약했지만 분명 존재했다. INA는 공식적으로는 반유대주의를 채택하지 않았으나, 종종 애국심 결여를 들어 유대인을 비난하곤 했다. 반유대주의의 주요 출처는 가톨릭계 언론이었다. 그들은 1890년대부터 유대인을 기독교의 적으로뿐만 아니라 하나의 인종으로 다루기 시작했고 차별과 추방까지도 지지했다. 파시즘은 가톨릭교도와 내셔널리스트 모두를 필요로 했기 때문에 반유대주의를 수용했다. 두드러지게 반유대적인 성향을 나타낸 이들은 로베르토 파리나치(Roberto Farinacci) 일파였는데, 이들은 파시즘의 '정상화'에 반대하고 더욱 철저한 혁명을 촉구했던 급진주의자들이었다. 이들은 독일에도 비판적이었기 때문에, 이들의 반유대주의는 나치즘에 대한 동경과 무관했다고 볼 수 있다.

하지만 1930년대 이전에는 반유대주의는 물론이고 인종주의도 이탈리아의 대내외 정책에 대해 독일에서만큼 광범위한 영향력을 행사하지 못했다. 그리고 이탈리아 파시스트들은 부적자를 제거하기보다는 출산율을 끌어올리는 데 관심이 많았다. 나라 밖 운동들에 대한 영향력 제고를 꾀하던 무솔리니는 나치 인종주의에 맞설 대안으로 파시스트 보편주의를 제시했다. 1930년에 생물학적 인종주의는 무솔리니의 비웃음을 샀다. 그에게 인종은, 누구나 원하면 얻을 수 있는 일종의 '감정' 같은 것이었다.

1930년대 중반부터 파시스트 정권의 인종주의와 반유대주의가 강화되었다. 그들은 1934~1935년부터 '아프리카인의 열등함'을 내세워 에티오피아 침략을 정당화했다(열강 중에서 오직 독일만이 이 침략을 지지했다). 식민주의를 추구하면서, 이탈리아는 그 자신의 인종적 무결성에 대해 더욱 큰 관심을 기울이게 되었다. 하지만 유대인은 대체로 이탈리아 인종의 일부로 간주되었기 때문에, 반유대주의가 필연적으로 뒤따르지는 않았다. 문제는 1930년대 중반 무렵 이미 너무 많은 국외의 파시스트 운동이 나치즘을 추종했다는 데 있었다. 무솔리니는 자신도 반유대적 추종 세력을 늘려야만 경쟁을 계속할 수 있으리라고 판단했다. 더군다나 그는 점차 반파시즘의 배후에 유대인이 있다고 확신하게 되었다. 이것은 나치즘의 약진에서 비롯된 간접 효과 중 하나였다.

결국 무솔리니 정권은 공식적으로 생물학적 인종주의와 반유대주의를 채택했다. 1938년부터 유대인은 주요 직종에서 해고되었고, 그들의 사업은 몰수되었다. 일부 파시스트는 이러한 정책 변화를 비웃었지만, 사직을 한 사람은 아무도 없었다. 아마도 여전히 당 대변인이 문화적인 그리고/혹은 종교적인 차원에서(즉, 동화주의적인 관점에서) 인종을 정의하는 일이 빈번했다는 사실이 그들을 안심시켰을 듯하다. 또한, 초기에는 인종의 정의와 관련한 불확실성이 유연한 법 집행을 가능하게 했다. 1939년에는 유대인에게 부모 중 한 명이 생물학적으로 '아리아인'임을 증명할 수 있도록 하는 규정이 도입되면서 자의성과 부패가 개입할 여지가 크게 늘었다.

문화적 인종주의와 생물학적 인종주의의 구별은 1942년부터 다시 한번 중요해졌다. 연합군이 점점 이탈리아로 진군해오자, 독일과의 연대는 현명하지 못한 일로 보였기 때문이다. 독일이 유대인 추방을 요구했을 때, 이탈리아 정부는 이탈리아 시민권자인 유대인을 보호해야 할 의무를 내세웠다. 점령지인 프랑스, 그리스, 크로아티아의 이탈리아 당국은 유대인 인도를 거부했다. 나치는 이탈리아의 비협조적인 태도가 다른 동맹국들의 저항을 부추겼다고 인정했다.

1943년에 이탈리아가 연합군에 항복한 후, 살로 공화국이 북부를 장악했고, 독일의 영향력이 커졌다. 살로 공화국이 독일의 자금과 병력에 의존하기는 했으나, 그것이 이탈리아 파시스트들에 대한 완전한 면책 사유가 되지는 않는다. 살로에서도 독일은 이탈리아의 협조 없이 유대인을 추방할 수 없었다. 따라서 그들은 모든 유대인을 구금하기로 한 살로 공화국의 자체적인 결정을 이용하기로 하고 이탈리아 경찰력을 동원했다. 그러나 연대 의식을 발휘해준 지역 주민들 덕분에 80퍼센트 이상의 유대인이 탈출에 성공했다.

나치 점령지의 인종주의

독일은 인종주의의 의미와 정책적 함의에 대한 논쟁이 독일 점령하의 유럽 각국에서 중요한 문제였다는 사실을 잘 알고 있었다. 독일이 전투에서 승리하는 빈도가 점차 낮아지고 급기야 1943년 1월 스탈린그라드 전투를 계기로 패색이 짙어지자, 나치는 유대인을 더욱 심하게 박해했다. 이제 동맹국의 정권들은, 파시스트 정권이건 보수주의 정권이건 관계없이, 유대인 강제 추방을 방조하는 데 수반되는 위험을 더욱 꺼리게 되었다. 그리고 동화주의와 생물학적 반유대주의의 구별은 다시 한번 정치적으로 중요한 의미를 띠게 되었다.

루마니아의 철위대는 종교가 민족의 근간을 이룬다고 보았고, 때로 생물학적 인종주의를 비난했다. 그러나 철위대는 친프랑스적인 엘리트 자유주의자들을 흠집 내기 위해 인종주의를 활용하기도 했다. 철위대는 자신을 고대 다키아(Dacian) 농민—로마 정복 이전에 루마니아 지역에 거주하던 본토인—의 후예로 묘사했다. 또한, 당대 루마니아의 지배 엘리트 계층은 로마나 터키-그리스 정복자의 후손이며, 유대적이고 프랑스적인 영향을 선호함으로써 루마니아를 타락시켰다고 주장했다. 1930년대 말경에는 말살을 주장하는 반유대적 표현을 루마니아에서 흔히 찾아볼 수 있었고, 전쟁이 발발한 후에는 권위주의적인 안토네스쿠 정부하에서 많은 학살이 자행되었다. 두드러지게 잔혹했던 사건 중 하나가 이아시에서 일어난 학살로, 여기서 코드레아누가 경찰청장을 살해했다. 루마니아는 독일의 소련 침공에 병력을 지원했고, 루마니아군은 독일군과 함께 소련의 유대인을 학살했다. 루마니아 정부는 처음에는 자국 유대인의 강제 추방을 원하는 독일의 계획에 동의했지만, 1942년 말에 이르러서는 유대인 인도를 거부했다. 이는 부분적으로는 교회와 왕실의 항의로 인해 종교에 기초한 민족의 정의가 다시 한번 힘을 얻게 되었기 때문이다.

유대인 추방을 거부했던 이탈리아와 루마니아, 불가리아가 결국 연합국 쪽으로 돌아선 것은 우연이 아니었다. 그 외의 지역에서 나치는 직접적인 압력을 행사하거나, 혹은 골수 파시스트들의 도움을 얻고서야 비로소 강제 추방을 집행할 수 있었다. 이탈리아에서 일어난 일들이 보여주듯이, 이들 파시스트의 방조행위는 대중의 지지를 거의 받지 못했다. 헝가리는 1944년 독일에 점령당할 때까지 자국 유대인의 추방을 거부했다. 프랑스 역시 점차 회의적인 태도를 보였다. 1942년 말에 정부는 귀화한 프랑스계 유대인의 신분을 되돌리라는 독일의 요구에 저항했다. 하지만 그에 앞서 프랑스계 유대인과 다른 지역 출신 유대인의 강제 추방에 기꺼이 협력한 터였기 때문에 오래 버틸 수는 없었다. 1942년 11월에 프랑스 전역을 점령한 독일은 소수의 파시스트를 동원해 프랑스계 유대인과 타국 출신 유대인을 강제 추방했다. 그러나 이탈리아에서와 마찬가지로, 지역 주민들의 도움으로 많은 유대인이 목숨을 건질 수 있었다.

현대의 극우와 인종주의

현대의 극우 세력은 주류 사회의 인정을 받기 위해 인종주의자임을 부인한다. 뉴라이트가 그랬듯, 극우는 진짜 인종주의자는 세계화와 다문화주의의 설계자들이고, 이들이 민족 간의 차이를 허물어뜨린다고 주장한다.

한때 KKK 단원이기도 했던 데이비드 듀크(David Duke)는, 백인 내셔널리즘의 수용 가능성을 제고하기 위해 전미백인권익증진협회(National Association for the Advancement of White People, NAAWP)를 설립했다. NAAWP는 "백인을 포함한 모든 이들에게 동등한 권리와 기회가 주어져야 한다"고 주장했다.

마찬가지로, 2002년에는 영국국민당(BNP)이 인종주의의 혐의를 부인하며 다음의 근거를 제시했다.

> '인종주의'는 다른 종족을 '증오'하는 것을 말한다. 우리는 흑인을 '증오'하지 않으며, 동양인을 '증오'하지 않는다. 우리는 신이 만드신 어떠한 종족에도 반대하지 않는다. 그들은 우리와 마찬가지로 자신의 정체성을 지킬 권리가 있다. 우리의 바람은 영국인의 종족적·문화적 정체성을 보존하는 것뿐이다. 우리는 다른 모든 이들과 함께 동등한 인권을 누리길 원한다….
> (www.bnp.org.uk/faq.html, 2002년)

그들의 주장에 깔린 인종주의적 가정은 쉽게 드러낼 수 있다. 각 인종이 순수성을 유지해야 한다는 명제 자체가 소수족에 대한 차별을 정당화하기 때문이다. 각 개인이 아니라 각 인종이 동등한 권리를 가진다는 말이다. 하지만 인종주의는 여전히 복합적인 성격을 띠며, 다른 고려 사항들과 얽혀 있다.

다시 BNP의 예를 들어보자. 그들은 2002년 선거전에 돌입하면서 영국인을 인종의 관점으로 정의했다.

> 구석기 이전부터 이 섬들에 거주해온 본토인들, 그리고 상대적으로 그 수가 적고 혈통적으로 거의 동일한 색슨족, 바이킹족, 노르만족, 또한 이곳으로 건너와 동화된 아일랜드인.

이 정의에서 BNP가 동화의 가능성을 인정했다는 점을 간과해서는 안 된다. 2013년에 BNP 당원인 한 언론인은, 백인 이민자들은 고용이나 주거 문제를 유발하기는 해도, 적어도 그들의 자녀들의 자녀들은 영국인이 될 수 있다고 주장했다. 그렇지만 그는 내셔널리스트들이 출산을 늘리는 것이 더욱 바람직하며, 그것이 '영국 인종'을 재건하는 '즐거운' 방법이라고 했다. 유색인종에 관한 한, BNP의 견해에는 생물학적인 가정이 우세하다. 그들은 '지구상에 존재하는 생명의 모든 종은 아름답고 그대로 보존되어야' 하므로 인종 간 결혼에 반대한다.

BNP가 보기에, 정부의 임무는 영국인의 '고유성'을 함양하는 것이다. 따라서 BNP는 강력한 이민 제한을 옹호하며, 이민자들의 자발적 귀환을 촉구한다. (하지만 BNP의 수장인 닉 그리핀Nick Griffin은 사실 모든 유색인이 나라를 떠났으면 좋겠다고 인정한다.) 고용 시장에서는 '본토인'을 우대해야 하고, 기업은

'본토인'의 소유로 되돌려야 한다. 아마도 그들은 소수족의 삶이 너무나 각박해져서 스스로 영국을 떠나기를 기대하는 듯하다. 프랑스의 FN은 분명 그들이 장악한 지역구에서 이민자들이 스스로 떠나가기를 바라지만, 원칙적으로는 강제 송환을 선호한다. 오스트리아의 외르크 하이더는 '오스트리아에서 20~30년 동안 뿌리내리고 살아온 이들에 대해서는 전혀 악감정이 없으며' 단지 새로운 이민자들을 돌려보내고 싶을 뿐이라고 주장한다.

인종주의는 자주 무슬림에 대한 적대감과 교차한다. 암살당한 네덜란드의 극우 지도자 핌 포르타윈에게는 종교가 인종보다 더 중요한 문제였다. 2001년 9월, 뉴욕의 세계무역센터 건물이 비행기를 납치한 테러리스트들의 자살 공격으로 무너져 내렸을 때, (베를루스코니를 제외한) 서구의 주류 정치인들은 다수 무슬림과 소수 극렬분자를 신중하게 구분했다. BNP는 모든 무슬림이 광신자(이 또한 자유주의적 용어)가 아니라는 데 동의했지만, 이슬람 자체를 위험한 종교로 보았다. 유대인이 독일을 '유대인의 나라'로 만드는 데 몰두해 있다고 믿었던 히틀러와 마찬가지로, BNP는 근본주의자들이 학교에서의 '세뇌교육', 고출산율, 이민을 통해서 영국을 이슬람 공화국으로 만들려 한다고 믿는다. 신파시스트들이 모두 이들처럼 이슬람을 혐오하지는 않는다. 독일의 일부 신나치 세력은, 이슬람에 대한 나치의 우호적 접근을 기억했기 때문인지, 9·11테러를 그들의 공적, 즉 미국에 대한 공격으로 보고 환영했다.

극우의 정책이 현실적으로 어떻게 구현될지는 불분명하다. 일례로, '이민자'의 2세대나 3세대 후손들이 어떠한 대우를 받게 될지 분명치 않다. 그들은 고용이나 복지 혜택에서 차별을 받게 될까? 극우 내부에서 강경파와 온건파 사이에 의견 충돌이 있을 것으로 예상된다. 타종족으로 여겨지는 사람들의 삶은 절대 녹록지 않을 것이다. 인종적 순수성이라는 것이 이룰 수 없는 꿈이기에 더욱 그렇다. 호주의 백인들은 유럽으로 송환되어야 할까? 은퇴 후 지중해 연안국에 거주중인 100만에 달하는 영국인들도 고향으로 돌아가야 할까?

역사는 인종 단일화가 엄청난 강제성을 수반하며 민주적·인도적 가치에 심각하게 배치된다는 사실을 가르쳐주었다. 나치는 가공할 노력을 기울였지만, 엇갈린 결과를 낳았다. 유대인을 말살하기 위해 나치는 막대한 자원을 동원해야 했고, 그때까지 온당하다고 여겨진 모든 것들을 부정해야 했다. 그렇게 하고도 그들은 독일을 인종적으로 단일화하는 데 실패했다. 전쟁에 필요한 노동력을 충당하기 위해서 700만에 이르는 외국인 노동자와 노예를 징용해와야 했기 때문이다. 이들에 대한 처우는 상상을 초월할 정도로 열악했지만, 정권은 독일인과 외국인이 연인 관계로 발전하는 것을 막지 못했다. 인종

혼합에 대한 병적인 공포에 사로잡힌 나치는 한층 더 도를 넘어서는 조치로 대응했지만 효과가 없기는 마찬가지였다.

역사는 또한 인종주의의 자의성이 그것의 억압성을 더욱 심화시켰음을 보여준다. 그 누구도, 국경 맞은편에 사는 사람들의 차이점이 '심층 심리'나 유전자와 연관되어 있음을 증명해 보인 적이 없다. 민족의 지리적 경계란 대개 왕가의 우연한 사고나 전쟁에서의 승패에 따라 결정되지 않았던가. 또한, 그 누구도 피부색이 다른 사람들의 미세한 유전적 차이가 문화에 영향을 끼친다는 것을 입증한 적이 없다. 더군다나 한 민족 안에서 발견되는 차이점들은 민족들 사이의 차이점들과 같거나 혹은 그보다 더 크다. 하지만 바로 이렇게 모호한 기준들 덕분에, 인종주의자들은 자신의 생각을 어떤 목적으로든 유연하게 적용할 수 있다. 이번 세기 초까지만 해도 아리아 인종과 라틴 인종의 대조적인 특징들이 일상적으로 거론되었다. 이제는 모든 유럽인이 이슬람에 대한 투쟁으로 하나가 된 것처럼 말한다. 어떤 이들은 영국인과 아일랜드인이 서로 다른 인종이라 생각하고, 어떤 이들은 그렇게 생각하지 않는다. 언급할 필요조차 없지만, 그러한 견해차는 과학적 탐구의 결과가 아니다. 인종주의는 체계화된 편견에 불과하다.

제 8 장

파시즘, 여성, 젠더

파시즘을 일종의 전체주의나 정치 종교로 파악하는 접근법은, 엘리트와 대중에 대한 단순한 이분법—능동적인 엘리트 세력과, 그들에 의해 조종당하며 분화되지 않은 한 덩어리로 지도자를 숭배하는 대중—을 가정한다는 단점을 안고 있다. 통치성이라는 개념 역시 파시스트 이데올로기나 근대 지배 기술—국민과 인종의 건강을 증진하기 위한 공공보건, 복지 등의 사업—의 일관성을 과장할 가능성이 있다.

파시스트들이 '대중'이나 '군중'을 자주 언급했음은 분명한 사실이다. 그러나 그들은 대중을 균질한 덩어리가 아니라 위계적 조직으로 상정했다. 각각의 하위 집단은 엘리트 계층의 지도에 따라, 마치 신체의 하위 기관들이 두뇌의 지시를 따르듯이, 저마다의 방식으로 국가의 이익에 이바지했다. 또한, 파시스트들은 계급 및 젠더 간 갈등을 극복하여 공동체를 통합하겠다고 약속했지만, 계급과 젠더 자체가 없어질 수 있다고는 생각하지 않았다. 파시스트들이 사회주의자, 페미니스트, 유대인을 적대한 이유 중 하나는, 바로 그들이 자연스럽고 당연한 차이들을 허물었다고 보았기 때문이며, 파시즘을 받아들인 이들 중 다수는 분명 파시즘이 그러한 차이들을 복원해줄 것이라는 기대를 품고 있었다. 히틀러 역시 남성과 여성의 역할에 대해 매우 전통적인 견해를 가지고 있지 않았던가. 그러나 동시에 파시스트들은 노동자와 여성을 사회주의와 페미니즘에 동조하도록 만든 '정당한 불만'에 주목하고 문제를 해결하고자 했다.

그 결과는 복합적이었다. 한편으로는, 대중 집회의 극적 효과와 야심 차고 새로운 여가 활동 프로그램을 통해 사회 계층 간 구분이 흐려지거나 가려졌다. 다른 한편으로는, 당이 노동자와 여성만을 위해 조직한 단체들이 기존의 사회적·젠더적 차이를 존속시키는 역할을 했다. 이러한 단체들의 목적은 노동자와 여성이 사회 전체의 이익에 해가 되지 않는 선에서(그래서 사회주의자와 페미니스트의 단체는 해체되어야 했다) 각자 자신들의 이해관계를 방어하도록 하는 데 있었다. 파시스트 노동조합과 여성단체는 당의 야심 찬 사회 정책에 발맞추어 노동자와 여성을 국가 공동체의 틀 안으로 다시금 포섭하고자 했다. 이 포부를 달성하기 위해서는 (사회주의자들과 페미니스트들이 한 축을 이루어 발달시켰고 당시 치열한 논쟁의 주제가 되었던) 건강, 복지, 일터에 관한 일군의 잘 확립된 사상 및 정책을 활용해야 했다. 이들 단체는 또한 노동자와 여성에게 정치적 행동의 기회를 제공해주었다. 나는 이번 장에서 파시즘 안에서 여성이 겪은 부침을 돌아보고, 다음 장에서는 노동자들에 대해 살펴보겠다.

파시즘은 일견 철저하게 남성적이며, 전간기에 거리를 누비던 제복 입은 투사들이나 오늘날의 스킨헤드족을 연상시킨다. 파시스트들은 페미니즘을 사회주의만큼 싫어하며, 여성의 주된 역할은 가사와 출산이라고 여긴다. 반면, 오늘날 극우는 성이 ― 인종과 마찬가지로 ― '동등하지만 다르다'고 주장한다. 파시스트들은 거의 항상 자신은 '페미니스트가 아니다'라고 주장하지만, 페미니즘을 반박하려는 과정에서 자신도 모르게 페미니즘과 간접적인 대화에 빠져든다. 결과적으로, 젠더 문제는 파시스트들 간에 또다른 분쟁의 소지가 되었다.

많은 유럽인은 1차세계대전으로 인해 젠더 관계의 균형이 깨졌다고 믿었다. 여성은 남성의 일자리를 넘겨받았고, 남자들이 참호를 지키는 동안 독립적이고 경박한 생활을 누린다는 의심을 받았다. 더욱 우려스럽게도, 여성의 전쟁 지원 활동을 계기로 여성단체의 결성이 활발해졌고, 이들 중 일부는 페미니스트 단체였다. 여성들은 이후 여러 나라에서 선거권을 획득했다. 부르주아 여성들은 근무 환경에 적합한 단출한 형태의 드레스를 입기 시작했다. 이를 두고 어떤 이들은 여성을 비-여성화하는 유행이라 평했다. 프랑스의 소설가이자 참전 용사로 훗날 파시스트가 된 피에르 드리외 라 로셸(Pierre Drieu La Rochelle)은 "우리의 문명에 더는 성이 존재하지 않는다"며 개탄했고, 그것이 사회의 전반적 쇠퇴를 가리키는 징표라고 주장했다. 그를 포함한 많은 이들이 노동자와 소수 민족의 폭동에서 '여성적인' 열망을 보았다. 유럽 대부분의 국가에서 이들의 공포는 출산율을 끌어올려 전쟁에서 소실된 인구를 보충하자는 운동으로 수렴되었다. '출산 장려' 운동에는, 여성은 무엇보다 어머니이고 다른 역할은 막는 것이 좋겠다는 생각이 깔려 있었다.

파시스트들은 남성 참전 용사를 국가 재건을 이끌 정력적 주체로 보았다. 군 복무를 통해 국가에 대한 그들의 헌신이 증명되었고, 그들 사이에서 용기, 영웅 정신, 자기희생, 동지애, 인내, 복종 등 사회 전체에 전파되어야 할 덕목이 함양되었기 때문이다. 코드레아누는 '새로운 유형의 전쟁 영웅이자 사회적 영웅, 노동의 영웅'을 주창했다. 그가 본보기로 삼은 인물은, 훌륭한 군인이자 아버지로서 추앙받았던 중세의 슈테판

(Stefan) 대왕이었다. SS는 남성 영웅에 대한 이러한 이상을 한층 더 심화시켰다. 그들은 일본 사무라이, 튜턴 기사단, 예수회에서 영감을 받은 남성 전사단이었다. 파시스트들은 남성성 자체가 아니라, 오직 지배 인종의 남성성에만 가치를 부여했다. 나머지는 '여성적인 인종'이었다. 일부 나치는 이탈리아인마저도 남자다운 당당함이 아니라 모략에 의존하는 여성스러운 민족으로 보았다.

파시스트들이 대부분 동성애자를 혐오했다는 사실은 놀랍지 않다. 일부 학자들은 동성애 혐오증이 억압된 동성애적 성향에서 비롯된다고 본다. 그 근거로 그들은 SS의 동성애자스러운 복장과 생활양식, 혹은 동성애가 진짜 사나이들의 결속을 강화한다고 주장하는 오늘날의 독일 신나치주의자들을 가리킨다. 나치 SA의 지도자 에른스트 룀(Ernst Röhm)의 예도 있다. 그는 여러 면에서 전형적인 파시스트였다. 얼굴에 난 흉터는 동지들에게 그가 용감한 참전 용사였다는 사실을 상기시켰다. 그는 여성이 침묵을 지키길 바랐고, 바이마르 공화국을 남자답지 못한 정권으로 평했다. 여성스러운 수다로 가득한 의회, 그리고 그 안에서 과도한 영향력을 행사하는 여성화한 유대인들과 공산주의자들 때문이었다. 하지만 룀이 동성애자인 사실은 널리 알려졌었다. 그는 남성적 측면을 과시함으로써 남자답지 못하다는 비난을 피해갔다.

사실, 파시스트 중에 동성애자가 유달리 많았다고 믿을 이유는 없다. 진실은 무미건조한 쪽에 가깝다. 그들이 동성애자들에게 특히 적대적이었던 이유는, 그들의 공동체가 남성만으로 구성되어 있어서 동성애의 혐의를 받기 쉽다는 우려 때문이었다. 하지만 파시스트 혹은 현대의 극우 진영 내부에서 다툼이 있을 때는, 동성애의 혐의가 사실 여부를 떠나서 공격 무기로 사용되곤 했다.

룀이 나치 조직의 정상까지 올랐다는 사실은, 파시즘에 다양한 색깔의 급진주의자들을 끌어모으는 힘이 있었음을 예증한다. 룀은 '부르주아 도덕'에 비판적이었다는 면에서 급진적이었다. 그는 나치즘이 부르주아의 위선을 몰아내고 남성적인 새로운 질서를 확립해주기를 기대했다. 나치 혁명을 룀과 같은 방식으로 해석한 이들은 소수에 불과했고, 그들의 꿈이 실현될 가능성은 희박했다. 룀의 '도착적 행위'는 1934년 6월 SA 탄압의 빌미가 되었다. 이후 나치는 동성애자들에 대한 박해를 더욱 강화했고, 그들 중 다수가 집단 수용소에서 사망하거나 '질병'에 대한 '치료'를 받아야 했다.

여성에 대한 파시스트의 태도는 경멸과 (어머니로서의) 이상화 사이를 오갔다. 이탈리아의 미래주의자 필리포 마리네티(Filippo Marinetti)는 '여성에 대한 조롱'으로 유명했다. 일부 나치는 여성이 화장을 하거나 공개된 장소에서 담배를 피울 권리에 반대하는 운동을 펼쳤다. 루마니아 철위대의 기관지는 1937년에 "오늘날의 '지적인' 여성들은 사회에 대해서는 완전한 불임 요소"라고 선언했다. 파시스트 정권들은 노동 시장에서 여성을 퇴출하고, 여성이 교육받을 기회를 제한하고자 했다. 독일, 이탈리아, 크로아티아를 포함한 모든 나라에서, 파시스트들이 여성에게 부과한 의무는 미래의 시민과 군인, 어머니를 출산하는 것이었다. 여성은 자녀들의 국민 의식을 함양하고, (생산자가 아니라) 소비자로서 가족의 국산품 사용을 담보해야 했다.

이러한 정책에는 모순이 있었다. 파시스트들은 여성이 가정에 머물길 원했지만, 과거에는 단지 '가사'로 여겨지던 활동에 정치적 의미를 부여했기 때문에, 출산, 교육, 소비가 모두 국가에 대한 의무가 되었다. 파시스트들은 여성에게 가정에서의 의무를 교육하기 위해 당 부설 기관에 가입할 것을 종용했다. 말하자면, 파시즘은 여성을 가정으로 되돌려보내기 위해서 그들을 가정으로부터 불러냈다. 보수주의 단체에 여성 회원이 거의 없던 시절, 파시스트 단체들은 상당수의 여성 회원을 보유하고 있었다.

1921년 이탈리아에서 여성 파시스트는 약 2000명에 달했다. 1920년대 후반에는 그 수가 다소 정체되었지만, 1930년에 당이 '대중 속으로' 파고드는 전략을 펼치면서 다시 폭발적으로 증가했다. 독일의 경우, 나치가 권력을 장악할 당시 당원의 약 8퍼센트가 여성이었고, 1931년에는 여성 당원들의 모임을 통합한 국가사회주의 여성동맹(National Socialist Frauenschaft, NSF)이 출범했다. 나치가 집권에 성공한 후 NSF는 나머지 모든 여성 단체를 장악했고, 1938년까지 200만 명 이상의 회원을 모집했다. 두 나라의 정권은 여성을 국가 공동체로 통합하기 위해서는 여성 고유의 필요성과 관심사를 인정해주어야만 한다고 생각했다. 따라서 그들은 여성 단체를—노동 운동을 흡수하려 했던 것과 마찬가지로—당이나 정권의 일부로 편입시켰다. 결과적으로 파시즘은 매우 다양한 의제를 가진 여성들을 포괄하게 되었다(그림 9). 경쟁 관계에 있는 여성 단체들을 제거하려 했다는 사실에 비추어볼 때(이 작업은 이탈리아보다 독일에서 더 성공적이었다), 파시스트들을 '페미니스트'라 말하기는 어렵지만, 그들이 다양한 목적의식을 가진 여성들의 지지를 받은 것은 사실이었고, 그들 중 일부는 페미니스트였다.

페미니즘의 다양성을 고려해볼 때, 이것은 그리 놀라운 사실이 아니다. 어떤 페미니스트들은—이들은 종종 가족적 페미니스트로 불린다—선거보다는 여성을 여성으로서 보호하는 데 더 큰 관심을 기울였다. 그들은 알코올 중독 남성으로부터의 보호, 성매매 근절, 직장 여성의 권리 증진을 요구했다.

9. 영국파시스트연맹(BUF)의 여성 회원들이 오즈월드 모즐리 경에게 경례하고 있다. 1936년.

(가능성은 희박하지만) 만약 이러한 유형의 페미니스트들이 대의 민주주의를 포기할 의향이 있었다면, 그들과 파시스트 사이에는 일정 부분 공통점이 있었을 것이다. 양쪽 모두, 다소 상이한 나름의 방식으로, 여성이 동등하지만 다르다고 생각했기 때문이다.

파시즘은 페미니즘에 반대하는 여성들도 포섭했다. 이들은 파시스트 남성들처럼 여성이 있을 자리는 가정이라고 믿었다. 사실 많은 부르주아 여성들에게 가정은 특권—대가구 안에서 자녀와 하인을 통제할 수 있는 권한—을 의미했다. 여성은 '보살피는 사람'으로서 주요 자선 단체에 참여하고 때때로 정부 정책에 영향을 끼칠 수도 있었다. 그러한 부류의 여성들은 자선 사업, 가정, 하인들의 공급에 악영향을 끼친다는 이유로 페미니즘을—사회주의, 자유주의, 민주주의와 함께—공격했다. 이러한 보수성에도 불구하고, 그들은 종종 전통적인 보수 단체들이 가정 문제에 기울이는 관심이 충분치 않다고 느꼈다. 반면, 독일의 가난한 농촌 여성들이 나치에 표를 준 이유는 페미니즘을 부르주아 여성의 사치로 여겼기 때문으로 보인다.

이탈리아의 많은 여성 단체는 기존의 자유주의자 정권이 그들의 의제에 무성의하다고 보았고, 그래서 파시스트를 포함한 내셔널리즘 성향의 야권을 지지했다. 파시스트들의 1919

년 선언에는 여성의 선거권이 포함되어 있었다. 파시즘 체제 하의 이탈리아 여성 단체들은 '라틴 페미니즘'을 옹호했다. 라틴 페미니즘은 전통, 가정, 인종을 개인의 권리보다 우선시했고, 사회주의와 자유주의를 배격했다. 독일의 엠마 하들리히(Emma Hadlich)는 외세에 오염되기 전 독일 사회에서 양성은 평등했다고 주장했다. 영국의 여성들은 1918년과 1928년에 투표권을 행사했지만, 일부 페미니스트들은 이 승리가 실질적인 정치적 영향력의 확대로 이어지지 않은 것에 실망했다. 이들은 파시즘이 상황을 개선해줄지도 모른다는 희망을 품었다.

그리하여 파시즘은 매우 광범위한 여성 단체들의 지지를 얻었다. 이들 중에는 페미니스트와 비(非)페미니스트가 섞여 있었고, 한때의 자유주의자, 보수주의자, 사회주의자 등이 모두 포함되어 있었다. 파시스트 운동과 정권에 여성이 참여했다는 사실은, 파시즘을 정의하기 어려운 이유를 다시 한번 설명해준다. 가장 급진적인 성향의 여성들은 파시스트 체제 안에서 고전을 면치 못했다. 남성 활동가들이 파시스트가 된 이유가 바로 양성 간의 '정상적인' 관계를 회복하기 위해서였기 때문이다(그리고 그들은 여성 당원들보다 권력이 강했다). 무솔리니는 곧 여성 선거권에 대한 흥미를 잃었고, 원칙적으로 남성 부서가 여성 조직을 지휘하도록 했다. 독일에서는 알프레트 로젠베르크(Alfred Rosenberg)가 고대 독일이 가부장제 사회

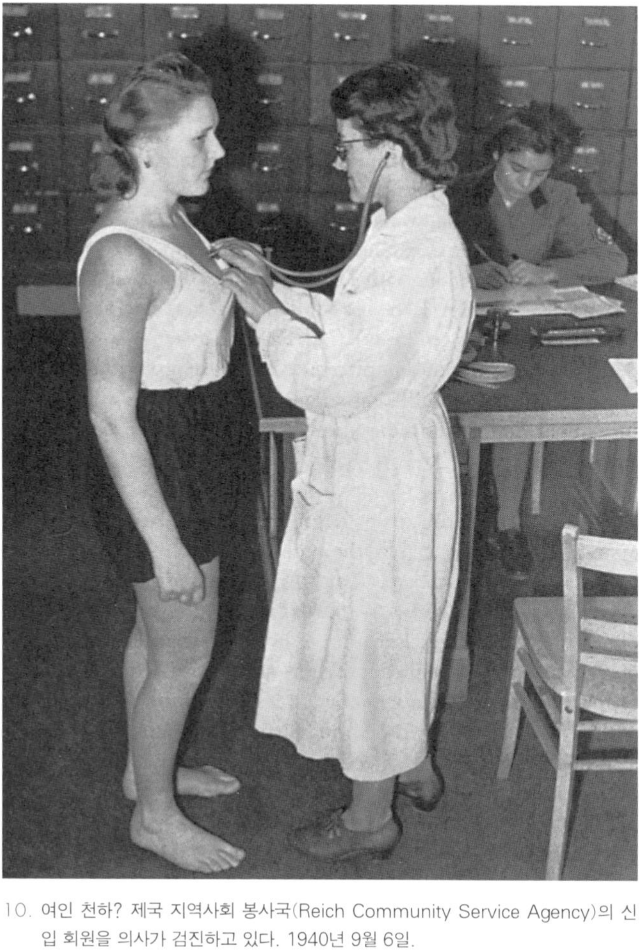

10. 여인 천하? 제국 지역사회 봉사국(Reich Community Service Agency)의 신입 회원을 의사가 검진하고 있다. 1940년 9월 6일.

였다면서 하들리히의 견해를 반박했다. 1934년, 히틀러는 나치 여성들에게 나치즘 내부에 성별 투쟁은 있을 수 없다고 못박았다. 두 정권 모두 여성들의 출산을 권장하는 데 점차 더 큰 관심을 기울였고, NSF 지도자인 게르트루트 숄츠클링크(Gertrud Scholtz-Klink)는 11명의 자녀를 출산해 모범을 보였다. 파시스트 운동에 참여한 여성 대부분은 일반적으로 여성의 본성에 적합하다고 여겨진 활동, 즉 기본적으로는 복지 관련 사업을 배정받았다.

이들 급진적 여성의 패배는 여성의 역할이 수동적이었다거나 파시즘이 획일성을 띠게 되었다는 것을 의미하지 않는다. 가난한 이들에게 나누어줄 양말을 뜨거나 음식을 모으는 일처럼 일견 초라해 보이는 업무를 맡은 여성들이라 할지라도, 그들은 가정 바깥에서, 주로 여성들에 의해 운영되는 복잡한 기관의 일원으로서 활동했다(그림 10). 위계구조의 상층부로 조금 더 올라가보면, 파시스트 운동과 정권의 여성 조직들은 방문 간병인, 간호사, 가사 교사, 사회복지사 등의 소규모 전문인 집단을 고용했다. 남성 파시스트들은 여성 당원의 활동을 부수적인 것으로 간주했을지 몰라도, 여성 본인들은 그렇게 생각하지 않았다. 그들은 자신의 전문 영역을 확장하고 자신의 직업에 의사나 변호사에 버금가는 지위를 부여하기 위해 소리 없이 남성들과 투쟁했다. 그들이 보기에 사회 복지는 조화로운 동원 체제 국가를 이룩하는 데 필수적이었다. 파시스트 운동은 복지 혜택을 요구했고, 정권은 이를 받아들여 시행했다. 이에 따라 가족 수당, 결혼 자금 대출, 직장 의료 개선 등과 같은 여성 운동의 오랜 과제가 해결되는 듯했다.

하지만 이러한 조치들의 주된 목적은 여성의 선택권을 강화하는 것이 아니라, 당과 국가, 인종의 필요를 충족하는 것이었다. 독일에서는 오직 아리아인 여성만이 '건강한' 자녀를 출산하고 어머니의 역할을 감당할 수 있을 만큼 충분히 '진화'한 것으로 간주되었다. 힘러의 권장 아래, SS는 미혼모 보호 업무까지도—그들과 그들의 자녀가 인종적으로 적합할 경우에 한해—담당했다. 이탈리아에서는 산아 제한을 조장하여 '이탈리아 국민의 생식을 저해'하는 행위가 반국가사범으로 지정되었다. 사회 정책의 목표는 인종을 향상시키는 것이었다. 정권에 비우호적인 이들을 배제하기 위해, 복지 혜택은 비공식적이고 정치적인 기준에 따라서 배분되었다. 프랑스에서 크루아드푀나 PSF 소속 복지 기구들은 원칙적으로 이민자와 그들의 가족을 지원 대상에서 제외했지만, 여성 활동가들은 종종 그러한 금지 규정을 무시했다.

오늘날의 극우와 여성

현대 극우 정당에서 여성의 지위는 크게 다르지 않다. 프랑스 기사도를 페미니즘의 대안으로 제시한 르 펜이나, 스킨헤드족의 축구장 난동에서 드러나듯이, 극우의 스타일은 지극히 남성적이다. 르 펜은 여성에게, 생명을 전파하고 어린이와 청소년의 심성, 지성, 감성을 배양할 '신성에 가까운' 사명을 부여했다. BNP는 가정에 대한 차별을 철폐하고 위험 수준으로 떨어진 출산율을 증진할 방안으로, 여성을 위한 재정적 출산 장려책을 요구한다. 과거에도 그랬듯이, 출산 장려는 인종주의와 연결되어 있다. 부족한 노동력을 더는 이민자로 보충할 수 없으므로, 여성들은 더욱 많은 아이를 낳아야 하며, 오직 '본토인' 여성의 출산만이 장려된다.

출산 장려 정책은 또한 여성이 남성의 일자리를 빼앗고 있다는 (전간기 유럽을 아는 이들에게는 낯익은) 공포를 반영한다. 르 펜은 양성 간의 정상적인 업무 분담이 깨지면 '남성은 자신을 여성으로 여기고, 여성은 자신을 남성으로 여기는' 불상사가 생길 수 있다고 말한다. 비숙련 남성 노동자들의 만성적 실업, 그리고 여성을 우대하는 '교정적 차별'이 남성 직장인의 전망을 어둡게 하고 있다는 믿음은 이러한 우려를 더욱 자극한다. 더군다나 사회주의나 공산주의가 우파에 예전만한 근심거리가 아닌 만큼, 결혼, 이혼, 낙태, 성 정체성 등이 정치에서 더욱 중심적인 안건으로 부상했다. 2012~2013년에 몇몇 국가에서 동성 커플에게 결혼의 권리를 부여하자, 올바른 성 역할이 위협받고 있다는 공포는 더욱 커졌다.

그런데도 여성들은 극우 정당에 가입하고 투표한다. 초기 여성 파시스트들과 그들의 당 내 위상은 사뭇 다르다. 양성평등은 여전히 요원하지만, 전체적으로 여성의 지위가 변했기 때문이다. TV, 영화, 종교의 퇴조, 교육의 변화 덕분에 여성에게 열린 선택의 폭이 더 넓어졌고, 그들의 기대는 더 높아졌다. 여성 대부분은 페미니스트로 지칭되기를 거부하지만, 페미니즘이 이룩한 여러 성취를 당연한 것으로 받아들인다. 르 펜의 기사도에도 불구하고, 그의 전 부인은 선정적인 『플레이보이』지 사진에 하녀 복장으로 등장하여 가정에 대한 그의 견해를 풍자했다. 르 펜의 딸 마린은 현재 FN의 당수이며, 전형적인 '워킹맘'이다.

극우 운동은 그동안 여성들이 이룬 진보를 존중하겠다고 약속한다. 하지만 그들은 페미니스트를 공격하며, 그들의 여러 성과를 사실상 되돌려버릴 정책들을 옹호한다. 극우가 그러한 긴장관계를 현실적으로 어떻게 풀어나갈지는 알 수 없다. 그러나 극우의 여성 정책이 시행된다면, 우리가 그만큼 더 자유민주주의에서 멀어지리라는 것은 분명하다.

제 9 장

파시즘과 계급

한때 일부 학자들은 파시즘을 거의 계급의 관점에서만 바라보았다. 마르크스주의자들이 보기에, 파시즘은 자본주의 진영 중에서도 가장 반동적인 분파에 의한 독재, 혹은 자본가와 프티부르주아지 간 연대의 표현이었다. 베버주의자들은 '전통 엘리트' 세력이 '근대화'로부터 자신을 보호하려는 최후의 몸부림이 파시즘이었다고 보았다. 여기서 베버에 바탕을 둔 또 다른 이론을 추가해보자면, 파시즘이 대자본과 노동조합 모두에 대한 프티부르주아지의 적대감을 나타낸다고 보는 이론이 있다. 마르크스주의자들과 베버주의자들은 파시즘의 책임을 어느 계급에 두느냐는 점에서 (그리고 계급을 정의하는 방식에서) 차이가 있다. 하지만 양쪽 모두 그들이 중요하게 여기는 계급들의 '내재적 이해관계'가 작용한 증거를 찾아내기 위해 파시스트의 행동과 말, 글을 분석한다. 마르크스주의자들은 파시즘의 내셔널리즘에서, 노동자들을 사회주의로부터 이탈시키려는 자본가들의 시도를 간파한다. 마찬가지로 베버주의자들은 반유대적 문건에서, 유대인으로 형상화된 근대 세계를 악으로 규정하려는 시도, 혹은 프티부르주아지가 마주한 딜레마를 읽어낸다.

이와 대조적으로, 전체주의 이론가들은 계급의 중요성을 부인한다. 그들이 보기에 파시즘은 국민에게 모든 계급 관계를 초월하여 국가 공동체에 절대적으로 충성할 것을 요구했다. 앞 장에서 살펴보았듯이, 정치 종교 이론 역시 미분화된 대중을 상정하고 사회적 차이를 축소하는 경향이 있으며, 통치성 개념은 종종 '지배 기술'의 일관성과 효력을 과장한다.

위 견해들은 모두 부분적으로 옳다. 어떤 파시스트들은 꽤 분명하게 부르주아지의 수호자를 자칭했고, 다른 파시스트들은 전체주의적 공동체의 설립이 그들의 주된 목적이라고 주장했다. 이 두 관점은 상충되는 듯해 보이나, 사실은 양립 가능하다. 파시스트들이 마음속에 그린 이상적인 공동체는 어떤 추상이 아니라, 다양한 기존 관념들을 조합한 것이었다. 그들은 노동 계급의 존재를 정상적인 사회관계의 일부로 가정했고, 노동자를 **하나의 계급으로서** 전체주의적 공동체 안으로 통합하고자 했다. 이 목표를 이루기 위해, 그들은 먼저 노동자 계급을 타락시키는 세력(공산주의자, 유대인 등)을 제거하여, 노동자 단체들의 요구가 공동체의 건전성과 조화를 이루도록 했다. 둘째, 공산주의 확산의 빌미를 제공한 실질적인 문제들을 해결하고자 했다. 셋째, 노동 환경에 관심을 기울임으로써, 노동 계급의 '질'을 향상시키고 공익에 대한 노동자의 기여를 증진하고자 했다. 둘째와 셋째 계획을 달성하기 위해서는 프롤레타리아, 가족, 인종에 관한 다양한—사실상 정치적 경계를 넘나들었고 여러 논쟁을 촉발시켰던—기존의 사회 정책과 실천 사례를 활용해야 했다. (이들 정책과 실천에 수반된 수많은 논쟁들은, 우리가 앞으로 살펴보겠지만, 파시즘 체제에서도 계속되었다.) 실제로 이탈리아 파시스트 대표자들은 국제연맹(League of Nations)의 산하 기구인 국제노동기구(International Labour Organization)에서 사회주의자들 및 노동조합주의자들과 함께 개혁을 논하곤 했다.

결과적으로 파시즘은 매우 복합적인 성격을 띠게 되었고, 어떤 사회 집단이든 파시즘 안에서 마음에 맞는 무언가를 발견할 수 있었다. 우리는 파시즘을 역사적 맥락 안에서 탐구해야만 실제로 누가 왜 파시즘을 지지했는지를 설명할 수 있다. 나는 이 문제를 두 각도에서 분석할 것이다. 우선 파시즘 지지자들의 사회적 배경과 동기를 알아보고, 다음으로는 파시스트 활동가들의 전략이 어떻게 파시즘의 매력을 형성했는지 살펴볼 것이다.

활동가와 유권자

이탈리아 파시즘과 나치즘에 대한 지지도는 계층별로 편차가 뚜렷했다. 그동안 많은 연구가 진행된 친나치 유권자들에 대한 분석을 살펴보면, 나치가 부르주아지에 가장 강력한 호소력을 발휘했음을 알 수 있다. 하지만 나치는 노동자들에게서도 적지 않은 지지를 얻었고, 독일의 경쟁 정당들 중에서는 가장 '계급 포괄적'이었다. 전간기 프랑스의 파시즘 역시 마찬가지로 폭넓은 호응을 얻었지만 중간계급의 비중이 가장 높았다.

흥미로운 국가별 차이도 존재했다. 독일의 경우, 공립학교 교사들과 공무원들이 나치를 선호했지만, 프랑스에 있는 그들의 동료들은 좌파에 우호적이었다. 헝가리의 노동자들과 땅 없는 농촌 인부들은 그 어느 나라에서보다도 강하게 파시즘을 지지했다. 루마니아의 파시즘은 주로 농민과 학생의 지지를 받았다.

파시즘의 득표에 영향을 미친 다른 변수들을 고려하면 그림이 한층 더 복잡해진다. 독일에서 소규모 산업에 종사한 개신교 노동자들은 대체로 나치를 지지했지만, 가톨릭교 노동자들은 가톨릭 중도파나 공산당에 표를 주었고, 대규모 산업에 종사한 개신교 노동자들은 사회당에 투표했다. 프랑스의 경우, 가톨릭교 부르주아지는 교권주의에 반대하는 부르주아지보다 파시스트 단체에 가입하는 경향이 더 강했다. 중공업에 종사한 프랑스 남성 노동자들은 섬유산업에 종사한 여성 노동자들보다 파시스트 노동조합에 덜 가입했다. 더이상의 예는 혼란만 더할 것이다. 요점은, 계급이 투표 성향에 큰 영향을 끼치긴 했으나, 유일한 변수는 아니었다는 것이다. 성별, 지리, 종교 역시 중요했다. 또한, 한 계급 안에서 정치적 성향이 다양했다는 사실은, 자신들의 이익이 무엇인지에 대해 구성원들 간에 서로 의견이 달랐음을 의미하며, 활동가들이 과연 계급 중심적으로 정의되었는지를 의심하게 한다.

활동가들이 파시즘의 매력을 형성하는 데 도움을 주었다는 사실도 반드시 기억해야 한다. 활동가들은 기저의 사회 세력을 대표하는 존재로 간주되는 경우가 많다. 사회주의 활동가들은 노동 계급의 이익을, 보수주의 혹은 파시스트 활동가들은 부르주아지를 '대변'한다는 식이다. 하지만 정치 활동가들을 아는 사람은 누구나 그들이 일반인과는 사뭇 다르다는 것을 깨닫는다. 활동가들은 자신에게 사회 구조에 대한 특별한 통찰이 있고, 자기 견해의 정당성을 다른 모든 사람에게 설득할 사명이 있다고 확신한다. 예를 들어, 사회주의 활동가는 단지 노동자의 감정을 명확히 전달하는 데 그치지 않는다. 그들은 노동자들에게 사회주의의 특정 형태를—경쟁 관계에 있는 사회주의 학파나 정치적 가톨릭주의, 혹은 파시즘 등이 아니라—받아들이는 것이 그들 자신에게 이익이라고 설득한다. 즉 활동가들은 단순히 그들이 대변하려는 이들의 견해를 반영하기보다는 사람들이 자신의 이해관계를 바라보는 관점에 영향을 주고자 한다. 우리는 당의 선전 전략을 수립하고 목표 유권자를 설정한 활동가들의 역할을 무게 있게 다루어야 한다.

나치즘을 예로 들어보자. 1930년 이후 선전 활동의 초점을 부르주아지로 옮긴 당의 결정은 나치 역사의 결정적 순간이었다. 나치는 농민, 프티부르주아지, 부르주아지로부터 얻은 표를 통해 돌파구를 마련했다. 그러나 활동가들은 국가와 민족에 대한 강조를 통해 계속해서 선전 활동의 목표 대상을 넓혀갔고, 부패하고 외세에 휘둘리는 기성 정치 세력에 대한 대중의 반감을 표출해주었다. 잠재적으로 매우 폭넓은 호소력을 가진 전략이 아닐 수 없었다. 이와 대조적으로, 사회당은 남성 노동자, 공산당은 남성 실직자, 가톨릭 중도파는 소수 가톨릭 교도를 집중 공략했다. 나치 활동가들은 소상인들이 '유대계' 백화점에 품은 분노를 활용하는 데 적극적이었다. 그들은 내셔널리즘과 반유대주의의 메시지를 좌파의 상징과 결합함으로써 노동자들의 지지를 얻어냈다. 이를테면 그들은 스바스티카를 덧댄 붉은 깃발, 혹은 실크해트를 쓰고 시가를 피우며 미소 짓는 탐욕스러운 자본가의 이미지를 활용했다. 나치는 노동자들에게 그들의 적이 기업이 아니라 유대인 기업이라고 말했다. 이러한 내셔널리즘적 반자본주의는, 독일 자본가들에게는 노동자의 고통에 대한 책임을 묻지 않았기 때문에 많은 고용주에게도 〔일반적인 반자본주의에 비해서는〕 상대적으로 매력적이었다는 장점이 있었다.

나치는 많은 정당이 지향해온 목표—서로 반목하는 집단들을 통합하여 하나의 운동을 창출해내는 국민 정당—에 가장 근접했다. 그러나 나치의 전략이 저절로 성공을 거두지는 않았다. 내셔널리즘이 본질적으로 계급보다 더 폭넓은 호소력을 지니지는 않는다. 중요한 것은 국가와 계급이라는 용어를 어떻게 정의하느냐다. 사실 나치가 채택한 국가 개념도, 그 매력을 잠재적으로 제한한 모종의 '편향성'에 영향을 받았다. 많은 나치주의자는 기본적으로 독일을 개신교 국가, 혹은 심지어 비기독교 국가로 보았고, 그 때문에 가톨릭교 노동자들은 친나치 유권자층에서 이탈했다.

계급 차원에서 파시즘의 매력은, 파시스트 활동가들의 (무의식적 편향성에 영향받은) 전략과 특정 집단의 (무의식적 편향성에 영향받은) 열망 사이에서 일어난 상호 작용의 결과로 이해하는 것이 가장 적절하다. 그 결과 파시즘에는 일관성이 부족해졌지만, 그렇다고 해서 지지층의 계급 구성이 중요하지 않았다는 의미는 아니다. 오히려 매우 중요했다. 왜냐하면, 파시즘을 지지한 다양한 집단들은 저마다 행사할 수 있는 힘의 크기가 상당히 달랐기 때문이다. 나는 이 점을 파시즘의 두 가지 핵심 용어에 대한 간략한 검토를 통해 규명해보고자 한다. 그 두 용어는 '국가사회주의'와 코포라티즘이다.

국가사회주의

1898년에 모리스 바레스는 낭시에서 '국가사회주의 공화국 위원회'의 선거 공약을 제시했다.

> 오직 적대감을 충족시킬 목적을 가진, 그리고 오직 권력에 대한 탐욕으로 추동되는 정책이 있다. 여러분은 이미 그것을 국가적이고 사회적인 사상이라 칭송했고 당장은 그것을 기각하려 들지 않겠지만, 나는 다시금 그것을 규탄한다.
>
> …사회 지도층에서, 각 지방의 중심부에서, 도덕적이고 물질적인 차원 모두에서, 상업과 제조업, 농업, 심지어 그들이 프랑스 노동자들과 경쟁하는 조선소에서도, 외국인들은 기생충처럼 우

리를 해치고 있다.

프랑스 신정책의 기저를 이룰 하나의 핵심 원리는 이러한 침략으로부터 프랑스 전 국민을 보호해야 한다는 것이며, 또한 지나치게 국제적인, 아니 그보다는 지나치게 독일적인 유형의 사회주의가 프랑스의 방어력을 허물지 않도록 경계해야 한다는 것이다.

바레스가 보기에, 국제 사회주의—마르크스주의—는 '독일' 사상이었기 때문에 프랑스 국민과 인종에 위험했다. 그가 주창한 사회주의는 두 가지 측면에서 내셔널리즘적이었다. 첫째, 그것은 프랑스 대지에 뿌리내린 노동자들을 보호한다. 둘째로, 그것은 각 계급이 각자의 특수 이익보다 국익을 우선시하게 함으로써 이제껏 상호 적대적이던 계급들을 화해시키는 사상이다. 자본가는 노동자에 대한 처우를 개선할 것이며, 따라서 노동자는 더는 사회주의가 필요하지 않을 터였다.

바레스는 사유재산의 철폐를 요구하지 않았고, 대신 계급 관계의 **정신**이 변해야 한다고 주장했다. 그의 해법은 자본가들에게는 마르크스주의보다는 덜 두려운 대안이었다. 하지만 바레스는 누진소득세나 이익 공유제 같은 개혁도 제안했다. 이러한 제안은 오늘날의 기준으로는 온건해 보이지만, 당시의 주류 보수주의자들로부터 절대적인—거의 신경질적인—반발을 샀다. 대규모 철강업자들 역시, 값싼 외국인 노동자의 유입을 차단하려는 바레스의 시도가 달갑지 않았다. 바레스의 정책은 기성 정치에 환멸을 느낀 당시 지역 일부 보수주의자들로부터 지지를 받기는 했지만, 그들의 수는 그가 당선되도록 하기에 부족했다.

그로부터 27년 후, 맥주 홀 반란 사건으로 법정에 선 히틀러는 재판부로부터 피고인으로서는 이례적인 특혜를 허락 받아, 배심원들에게 다음과 같이 연설했다.

> 당시 독일 노동자당의 국가사회주의 운동이 첫번째 원칙으로 삼은 것은, 마르크스 운동과 끝까지 싸워야 한다는 인식이었습니다. 두번째는, 마르크스주의의 결과이자 유례없는 범죄행위의 결과인 〔1918년의—저자주〕 혁명이, 독일 부르주아지를 다시금 국민화하는 것과 거리가 멀었다는 인식입니다. 중요한 것은, 일하는 독일인들, 독일의 일반 대중이 다시금 국민화되어야 한다는 것입니다. 이것은 단지 순수하게, 그러니까 수동적으로 내셔널리즘을 받아들일 것이 아니라, 지금까지 내셔널리즘을 붕괴시켜온 자들과 적극적으로 투쟁해야 한다는 뜻입니다. 수십만 명이나 되는 자들이 전방위적으로 독일인을 비국민화하는 데 몰두하고 있는 상황에서, 그들을 국민화하겠다는 것은 무모한 일입니다. 이 수십만은, 이 사람들이 바로 혁명을 일으킨 장본인이기도 한데,

심지어 독일 인종에 속하지도 않는 자들입니다. 따라서 마르크스주의는 인종의 문제이고, 인종 문제는 이 시대에 가장 심각하고 중대한 문제입니다.

히틀러에게 바레스와 같은 문학적 재능은 없었지만, 그의 가정은 유사했다. 국제 마르크스 사회주의는 독일 인종의 적이며, 마르크스주의가 제거되어야만 노동자들을 국가 공동체로 재통합할 수 있다는 것이었다. 또한, 국가사회주의는 노동자의 요구와 국가의 우선순위를 조율할 '국가적' 단체를 설치함으로써 계급을 화해시키고자 했다. 잠재적으로, 노동자의 정당한 요구를 받아들인다는 것은 곧 자본가와의 대립을 의미했다. 실제로, 파시스트들은 공동선에 기업을 종속시키길 원했다. 그러나 그들은 자본주의의 존재 자체를 문제삼지 않았다. 그러한 생각들이 실제로 어떠한 결과를 낳을지는 예측하기 어려웠다.

코포라티즘

오늘날의 학자들은 더러 코포라티즘을 거대 기업의 거칠 것 없는 권력을 가려주는 연막 정도로 치부하지만, 히틀러는 코포라티즘을 노동자를 다시금 국가 안으로 통합시켜줄 핵심

방안으로 보았다. 그러나 코포라티즘은 근본적으로 파시즘과 성격이 달랐고, 당대에 통용되던 코포라티즘에는 여러 유형이 있었다. 가장 단순하게 설명하자면, 코포라티즘은 정부나 의회가 아닌, 경제적 이해관계를 가진 여러 주체들—노동조합, 고용주 협회, 가계나 농민을 대표하는 단체 등—이 모여 사회 및 경제 정책과 관련된 의사 결정을 내리는 체제를 의미했다. 전후에 대부분의 서구 민주국가에서 한때는 코포라티즘을 시행했고, 노동조합과 고용주 단체들이 정책 입안 과정에서 영향력을 행사했다.

파시스트 코포라티즘은 〔좌파 노동조합 등〕 기존 단체의 해체 또는 숙청을 전제로 했다는 점에서 달랐다. 파시스트들은 일단 비애국적인 좌파의 영향력이 제거되어야 모든 계급의 자연스러운 애국심이 다시금 발현되고, 그들이 올바른 정신으로 서로 협조할 수 있으리라고 가정했다. 코포라티즘은 자유시장 체제—임금이 자본가들 임의대로 결정되는—의 착취로부터 노동자를 보호해줄 것으로 기대되었다. 계급 갈등의 자리에 국가 화합이 들어설 터였다.

코포라티즘과 관련한 그 외의 사항들은 명확하지 않았다. 국가 그리고/혹은 당이 담당할 역할은 무엇인가? 그들이 가격이나 임금을 결정할 권한을 가져야 하는가? 노동자를 다시금 국가 공동체로 포섭하기 위해 자본가는 무엇을 내주어야 하는가? 파시스트 노동조합에는 어느 정도의 자율권이 인정되어야 하는가? 가장 큰 자율권을 요구한 이들은 '생디칼리스트'라 불렸다.

이탈리아의 경우, INA의 계승자들은 코포라티즘 단체들에 대한 국가의 통제를 강조했고, 주세페 보타이(Giuseppe Bottai)를 중심으로 한 기술 관료들은 기업의 관리자와 엔지니어에게 더 많은 권한을 부여하고자 했으며, 파시스트 노동조합 운동가들은 노동조합의 자율권을 주장했다. 기업은 대체로 어떤 형태로든 자유로운 기업 활동을 제한하는 강제적인 코포라티즘에 반대했다. 반면 그들은 기업의 가격 담합 카르텔을 국가가 법적으로 인정해주기를 요구했다! 바꾸어 말하자면, 민주사회의 권력 투쟁이 파시스트 체제에서도 계속되었다. 하지만 좌파에 대한 탄압으로 인해, 노동자들의 상황은 한층 더 불리해졌다(그림 11).

1925년, 파시스트 노동조합이 그들의 주장을 관철하기 위해 금속가공 파업을 일으켰다. 1925년 10월에 체결된 비도니궁의 조약(Patto di Palazzo Vidoni)에 따라, 그들은 노동자를 대표할 독점적 권한을 확보했다. 파시스트 노동조합을 사회주의 단체 못지않은 위협으로 여기던 기업은 이를 못마땅해했다. 그러나 노동조합은, 거의 같은 시기에 국가 주도로 도입된 코포라티즘 체제 안에서, 고용주 단체와 대등한 힘을 갖는 데 실

11. 에스파냐의 한 노동자가 행진하는 팔랑헤 당원들을 향해 경례하고 있다. 1937년.
팔랑헤는 그들의 독창적인 노동 정책에 자부심을 가졌다.

패했다. 파업이 금지되고 노동조합이 국가 기관으로 예속되었기 때문이다. 기업은 여전히 관리자와 엔지니어의 권한 강화를 주창한 보타이를 경계했지만, 자본가들이 승리했음은 부인할 수 없는 사실이었다.

나치당 내에도 탄탄한 노동조합주의자 계파가 존재했는데, 이들은 나치의 공장 세포조직인 NSBO를 구성했다. 1933년부터 〔모든 비非나치 노동조합이 금지되자〕 그들의 세상이 밝았다고 판단한 NSBO 지도자들은, 임금을 인상하지 않으면 강제수용소로 보내겠다며 고용주들을 협박하기 시작했다. 그러던 1934년, 히틀러가 (다른 이유도 있었지만 부분적으로는) 보수주의자들의 압박 때문에 SA를 내려치자, 노동자 단체는 심각한 타격을 입었다. 이미 NSBO는 나치 코포라티즘 조직인 독일노동전선(German Labour Front, DAF)으로 편입된 상태였다. 좌파 노동조합의 탄압과 파업의 금지, 그리고 기업의 관리자는 관리할 권한을 가진다는 나치 정부의 천명으로 인해, 사실상 독일 노동자들은 집단적 대표 기구를 상실했다. 그러나 DAF는 적어도 사상이 투철한 노동자들에게는 일자리와 승진의 기회를 제공해주었다. DAF는 독자적 '지배영역'을 구축했고, 기존의 위계 구조를 헐겁게 만들었다. 나치는 또한 바이마르 공화국의 복지 제도를 대부분 계승했고, 노동자의 여가를 규제하기 위해 '즐거움을 통한 힘' 운동을 출범시켰다. DAF와

즐거움을 통한 힘, 이 두 기관은 모두 나치의 인종적이고 우생학적인 기획과 연결되었다. 복지 제도의 목적은, 인종적으로 순수하고 군사적으로 강력한 국가 공동체로 모든 계급을 통합하는 것이었다.

이탈리아와 독일의 파시스트 정권에서 농민과 장인은 노동자와 비슷한 운명에 처했다. 두 정권 모두 농민과 장인 계급의 지위 향상을 공언했지만, 실제로 이루어진 것은 거의 없었다. 소농에게 땅을 분배하겠다던 이탈리아 파시스트들의 약속은 거의 지켜지지 않았다. 무솔리니는 농촌 인구의 감소를 막겠다고 했지만, 로마 인구는 그의 통치 기간에 두 배로 늘어났다. 독일의 경우, 나치에 속한 소상인과 장인 단체들은 활동의 자유가 거의 주어지지 않았다. 백화점을 억제하겠다던 약속은 지켜지지 않았고, 유대인 재산 몰수로 혜택을 본 쪽은 중소기업보다는 대기업이었다. 나치는 빚진 농민들을 지원했지만, 농촌 인구의 감소를 막는 데는 충분한 노력을 기울이지 않았다.

파시스트 노동조합과 생디칼리슴은 단순히 하층 계급을 기만하려는 수단이 아니었다. 여러 파시스트가 그에 헌신할 각오가 되어 있었다. 파시스트 노동조합주의가 실패한 원인은, 바라는 것을 이룰 만한 힘이 없었기 때문이다. 국익이라는 대의는 결코 흉포한 자본주의를 '길들일' 만큼 강력한 수단이 되지 못했다. 무엇보다도, 자본가와 여러 파시스트 사이에는 강한 자본주의가 국익에 부합한다는 공통된 믿음이 있었다. 이탈리아와 독일의 두 파시스트 정권은 무기 및 전쟁 소모품의 생산을 위해 반드시 대기업이 필요하다고 보았고, 따라서 원자재 및 노동의 배분에서 그들을 우선시했다.

그러나 당시 노동자들의 지위는 단지 자본주의에 대한 종속성만으로 규정되지는 않았다(파시스트 복지 기관에 근무했던 부르주아 여성들의 지위가 남성에 대한 종속성만으로 규정되지 않았던 것과 마찬가지다). 나치 시절 '일상의 삶'을 살펴보면, 나이 든 노동자들은 대체로 나치즘에 줄곧 적대적이었지만, 젊은 노동자들은 더 나은 사회를 향한 열망의 통로를 사회주의 정당에서 나치즘으로 교체했음을 알 수 있다. 사실 사회민주주의 옹호자들은 본래부터 내셔널리즘에 우호적인 경향이 있었다. 일단 1932~1933년에 사회주의의 무능이 드러나자, 일부 사회주의 유권자들은 나치로 돌아섰다. 역사가들에 따르면, 동유럽에서 나치 인종 범죄에 가담한 노동자 출신 병사들은 자신의 임무를 (과거 그들이 공장에서 자랑스레 수행하던) '질 높은 독일 노동'의 연장으로 여긴 것으로 보인다. 계급 연대를 버린 대가로, 노동자들은 인종주의적 식민 사업에서 소소한 업무를 담당할 기회를 얻었고, 정복의 혜택을 일부 공유했다. 독일 노동자들은 국제 노동 운동의 가치를 저버리고 수백만 명 이상의 식민지 출신 강제 노역자들 위에 군림했다.

재계와 파시즘

이 모든 것들이, 일부 마르크스주의자들이 시사하는 바와 같이, 파시즘이 '궁극적으로' 재계의 이데올로기였음을 의미할까?

재계의 이익 단체들이 독일과 이탈리아 모두에서 파시스트 운동에 참여했다는 점에 비추어보면, 위 질문에 대해 '그렇다'고 답해야 할 것이다. 이탈리아 파시즘과 나치즘이 권력을 장악한 후에, 대기업은 대체로 정권을 지지했고 노동 운동의 탄압을 긍정적으로 보았다.

그렇지만 위 질문에 대해 '그렇지 않다'고 답할 수도 있다. 여러 나라의 자본가들이 좌파와 싸우기 위해 기꺼이 파시스트를 활용했지만, 실제로 파시스트 정권을 세우고 싶어한 자본가는 상대적으로 드물었다. 이탈리아 재계는 파시즘이 권력을 장악하기 직전까지도 INA나 졸리티의 자유주의를 선호했다. 독일의 대기업은 민주주의를 약화하기 위해 갖은 애를 썼지만, 히틀러 정권보다는 나치의 지지를 얻은 보수 독재정권이 들어서기를 바라는 기업인들이 많았다. 히틀러에게 결국 권력을 쥐여주기로 한 〔보수 진영 내부의〕 협의 과정에서 대기업보다는 지주들이 더욱 적극적인 태도를 보였다.

다시 한번, 대답은 '그렇지 않다'이다. 파시즘이 자본가의 정권이었다는 말에는 사실 별다른 의미가 없다. 왜냐하면 대기업은 늘 자신들이 원칙적으로 반대하는 정권과도 능숙하게 보조를 맞추어왔기 때문이다. 또한, 파시즘이 전간기 독일과 이탈리아의 자본주의를 구해낼(자본주의를 '구한다'는 것이 무엇을 의미하든) 유일한 방도였던 것도 아니다. 일부 기업인은 다른 대안이 없다는 믿음을 가지고 파시스트 운동에 참여했지만, 그들의 믿음은 그릇된 것이었다. 사실 기업인 대다수는 1922년 이탈리아와 1933년 독일의 특수한 역사적 정황을 다른 시각으로 바라보았다.

파시즘은, 가족에 대해서도 그랬듯이, 사유재산을 절대적으로 보호해주지 않았다. 파시스트 정권은 국익을 위해, 특히 전쟁 수행을 위해 재계를 통제했지만, 재계가 정치적 의사결정 과정에 집단적으로 개입할 권리는 박탈되었다. 무솔리니 정권은 1930년대에 일부 산업에 대해 강력한 국유화를 실시했다. 민간 부문은 계속해서 번창한 것이 사실이지만, 공공 부문의 힘이 세지면서 보수주의자들은 전쟁 기간에 파시스트 정권으로부터 멀어졌다. 가장 충격적인 조치는 나치 정권의 유대인 재산 몰수였다(그림 12). 독일에서 유대인 기업의 비중은 작았지만, 동유럽, 특히 헝가리에서 파시스트들은 인종적 이질성

12. 나치즘과 사유재산: 프랑크푸르트암마인의 유대인 상점이 아리안화되었다. 1938년경. 새로운 상호를 보라. "슈탐 & 바서만—구(舊) 구미 바일"

을 이유로 자본주의 경제의 거대한 부분을 몰수하려 들었고, 그 때문에 보수주의자들의 격한 반대에 부딪혔다.

마르크스주의자라면 다음과 같이 이의를 제기할 수 있겠다. 기업인을 포함한 많은 사람이 마르크스주의에 대한 적개심에서 파시스트 운동에 동참했고, 파시스트의 극단적 내셔널리즘은 노동자의 계급 연대를 허물기 위한 시도였다고 말이다. 모두 사실이다. 그러나 파시즘이 **궁극적으로** 자본주의를 수호하기 위한 수단이었다고 주장한다면, 그것은 전혀 다른 이야기가 된다. 파시스트들은 다종 다수의 동기와 개념, 사상을 활용했다. 자본주의는 언제나 이들 중에 포함되어 있었지만, 그것이 유일한 우선적 고려 대상인 적은 한 번도 없었다.

제10장

파시즘과 우리

파시즘의 유산

파시즘의 유산을 탐구하는 한 가지 방법은, 파시즘이 '전통' 사회를 복원하려는 부질없는 시도였는지, 아니면 그것이 부지중에 '근대' 세계의 태동을 도왔는지 따져보는 것이다. 전자의 견해에 동의하는 이들은, 이른바 '반근대 계급'—장인, 농민, 지주 귀족 등—이 파시즘을 지지했다는 사실을 내세울 것이다. 귀농 장려, 도시 팽창 억제, 농민 이상화 등 일부 파시스트 정책들은 그럴듯하게 반근대적이었다. 코드레아누가 즐긴 농민의 복장 역시 루마니아 파시즘의 농민 이상화를 방증한다. 다른 증거들은 파시즘이 '근대적'이었음을 시사한다. 군사 기술 숭배, 군납 계약 관련 대기업 특혜, 대중 동원, 여성의 파시스트 운동 참여, 여가 및 스포츠 활동의 상업화 장려 등이 그

예다.

어느 쪽이든 증거는 충분하지만, (자신의 견해에 부합하지 않는 증거를 '부수적'인 것, 혹은 '더욱 근본적인 목적을 위한 수단'으로 간주하지 않는 한) 질문은 해결되지 않는다. 우리는 다시 한번 정의의 문제에 봉착한다. 근대가 무엇인지에 대한 합의에 이를 수 없기에, 우리가 어떠한 정의를 사용하느냐에 따라 질문의 답은 달라질 수밖에 없다. 현실적으로는, '진보성'에 대한 개인적 견해를 기준으로 (그렇게 하지 않고 싶더라도) 파시즘의 근대성을 판단하기 십상이다.

1985년에 마르틴 브로샤트(Martin Broszat)는 나치 독일에 대한 학문적 접근을 '역사화'하자고 촉구했는데, 여기서 근대화 개념의 무반성적 사용에 따르는 위험이 드러났다. 브로샤트는 역사가들에게 나치즘을 단순히 도덕적으로 비난하기보다는 그것에 대해 더욱 정교하고 온당한 역사적인 질문을 던지자고 제안했다. 그런데 그는 그렇게 하려면 나치즘이 독일 사회의 근대화를 촉진하거나 억제하는 데 끼친 영향을 분석해야 한다고 생각했다. 이 믿음으로 인해, 그의 분별 있는 제안은 안타깝게도 그 가치가 퇴색되었다. '근대화'라는 용어와 함께, 역사의 '정상적'이고 '바람직한' 행로에 대한 일련의 가정들이 동시에 논쟁 속으로 따라 들어왔다. 나치 DAF의 복지 정책이 독일의 근대적 사회 정책으로 이어졌다는 브로샤트의 주장은 나치즘을 긍정적으로 묘사했다는 비판을 일으켰다. 브로샤트가 나치즘의 여러 양상으로부터 근대화 과정을 인위적으로 분리하고 나치 복지 정책의 인종적인 성격을 간과했다는 비판자들의 주장에는 어느 정도 타당성이 있었다. 브로샤트와 마찬가지로, 다른 역사가들도 문제 있는 주장을 펼쳤다. 그들은 DAF가 더욱 '근대적인' 사회, 즉 개인의 사회적 지위가 그 사람이 어떤 집단에 속하는지보다 어떤 능력을 갖추고 있느냐에 따라 결정되는 사회를 건설하려 했다고 주장했다. 그러나 그들은 나치 독일 사회에서 지위 향상이 계급, 성별, 인종에 따른 제약을 받았다는 사실을 무시했다. 예를 들어, 당시 노동 계급에 속한 유람선 승객들은 부유한 승객들이 누리는 특권에 분개해야 했다. 더군다나 나치가 외국 여행을 장려한 이유는 해당 국가들의 '인종적 열등성'을 강조하기 위함이었다. 물론 승객 중에 유대인은 없었다.

연속성의 문제는 복합적이고 관점 의존적이다. 파시스트 복지 정책은 극단적 내셔널리즘, 정치적 차별, 인종주의에 근거하여 수립되었다. 그것은 대체로 보편 원칙을 채택하고 모든 개인의 평등권을 옹호하는 자유민주주의 사회의 복지 정책과 현저히 달랐다. 그러나 파시스트 사회 정책의 차별적 경향은 이후 사회 체제에서 완전히 사라지지 않았고, 현대 극우의 노골적 인종주의를 위한 비옥한 토양을 제공해주었다.

'근대성'을 정의 내리기 어렵다는 점을 고려할 때, 우리가 취할 수 있는 더 나은 접근법은 파시스트들이 근대와 전통이라는 용어들을 어떻게 인식하고 사용했는지 (그리고 그들이 그러한 용어로 사고하기는 했는지) 살펴보는 것이다. 국익이나 계급 이익에 대해 그러했듯, 근대성이 무엇인지에 대해서도 파시스트들 사이에는 다양한 견해가 존재했다. 그들 자신에게 '근대'와 '전통'은 무엇을 의미했을까?

파시스트들은 사회다윈주의와 그에 대응하는 프랑스 이론인 라마르크설, 집단 심리, 사회 생물학, 군중 과학, 신화 이론을 활용했다. 이 모든 개념과 사상을 하나로 연결한 것은, 민족성 그리고/혹은 인종에 관한 과학적(이라고 여겨진) 가정들이었다. 이 '과학'은, 한 나라가 불가피한 퇴락의 경향을 극복하고 국제적 생존 투쟁에서 살아남기 위해서는 내적인 힘과 동질성을 지녀야 한다는 확신과 결합했다. 이 지점에서 파시스트 사상은 예술적 모더니즘의 영향을 보인다. 근대적 예술관에서 세계는 영속적인 것이라고는 전혀 없는 어둡고 위험한 곳이지만, 그럼에도 불구하고 예술가의 특별한 기술을 통해 의미를 부여하고 심지어 길들일 수 있는 곳으로 인식되었다.

파시스트 중 다수는 이러한 기획을 근대적이라고 보았지만, 어떤 이들은 전통으로의 회귀로, 또다른 이들은 전통과 근대성의 조화로 받아들였다. 우리의 탐구는 여기서 더 나아갈 수 없다. 파시즘은 서로 밀접히 연관된 논쟁적인 이데올로기 및 실천의 모순적인 집합체이며, 이들은 전통 대 근대성 혹은 급진 대 반동 등과 같은 이원론적 대립항으로 손쉽게 범주화할 수 없다.

파시즘과 반파시즘

여기서 우리는 이 책의 서두에 제기된 문제로 되돌아가게 된다. 만약 우리가 파시즘을 정의할 수 없다면, 우리는 어떻게 그것을 식별하고 그것에 맞서 싸울 수 있을까? 만약 어떤 정당을 파시스트 정당으로 지목할 수 없다면, 그것으로 끝인가?

우선, 우리는 도덕과 학문적 연구를 혼동해서는 안 된다. 도덕적 입장은 과거에 대한 연구로부터 도출되는 것이 아니다. 학자들이 파시즘의 행위를 얼마나 끔찍하게 묘사하건, 그러한 행위가 범죄로 인식되는 것은 독자가 저자의 도덕적 관점을 공유해야만 가능한 일이다. 더군다나 현대 극우의 입장이 '파시스트'적인지 아닌지는, 그들의 제안이 도덕적으로 용인 가능한지와 별개의 문제다. 유색인의 국외 추방이 비파시스트 정부의 소행이라고 해서 용인될 일이겠는가? 극우를 파시즘과의 유사성으로 환원할 때는, 극우의 새로운 면모가 간과될 위험이 있고, 또한 파시스트 외에도 도덕적으로 그릇된 정책을 옹호하거나 시행할 이들이 있을 수 있다는 점에 주의를 기울이지 못할 수도 있다.

정의(定義)에 대한 집착이 초래하는 또다른 중요한 문제는, 학자들이 활동가들을 자극하는 민감한 사안과 관련해 부득불 누군가를 편들게 된다는 것, 이를테면 누가 진짜 파시스트인지, 혹은 파시스트였는지에 답함으로써 결과적으로 논쟁 당사자 중 어느 한 편에 거짓 정당성을 제공하게 된다는 것이다. 활동가나 언론인은 자주 '특정 정치 이데올로기의 정의'를 학자들에게 자문한다. 그들이 원하는 것은 자신의 견해에 대한 과학적이고 객관적인 뒷받침이다. 그러나 학자라고 해서 누가 진정한 파시스트였는지를 더 잘 판정할 수 있는 것은 아니다. 학자들은 그저 활동가들이 파시즘이라는 용어를 어떤 식으로 사용했는지, 사람들을 어떻게 분류했고, 그러한 분류를 매일의 투쟁에서 어떻게 활용했는지, 그리고 그 결과가 무엇이었는지에 대해 설명할 수 있을 뿐이다. 훈련받은 학자들은 해당 분야에서 특정한 전문성을 주장할 수 있지만, 누가 파시즘을 가장 충실히 대변하는지의 문제에 대해 독점적 권위를 지니지는 않는다.

정치사회학자 아니 콜로발드(Annie Collovald)가 설명한 대로, FN이 '국민-대중주의'라는 명칭을 채택한 사실에서 위 문제가 여실히 드러난다. 국민-대중주의라는 범주는 FN의 발명품이 아니다. 그것은 프랑스 대학 기득권층에서 전략적 지위를 점하고 정계와 긴밀한 관계를 맺고 있는 일군의 정치학자들이 고안해낸 것이다. 이 학자들은 대통령 중심의 프랑스 제5공화국을 열렬히 지지한다. 그들은 (그들 자신처럼) 실력 있는 사람들이 이끄는 강력한 정부와 민주주의를 조화시키려는 프랑스의 열망이 마침내 제5공화국에서 실현되었다고 믿는다. 그들은 프랑스 주류 정치에서 파시즘이 존재한 적조차 없었다고 주장하는데, 그것은 강한 정부에 대한 그들의 옹호가 파시즘으로 비칠 것을 우려해서다. 그렇기 때문에 그들은 FN을, 세계화 시대에 자신들이 겪는 고통에 대해 단순 명료한 해결책을 요구하는, 교육 수준이 낮고 소외된 사람들이 벌이는, 일시적이고 '국민-대중주의'적인 항의 운동으로 묘사한다. FN에 대한 이러한 해석은, 보통 사람들에 대한 일종의 경멸을 드러낼 뿐만 아니라, FN의 실질적 수뇌부인 교육 수준이 높은 직업 정치인들에 의해 악용된다는 문제가 있다. 이 해석에 근거하여, FN은 그들이 파시즘과 다르다는 사실, 그리고 그들이 소외 계층을 대변하는 목소리라는 사실에 학자들도 동의한다는 주장을 펼친다. 마치 파시즘만 아니라면 인종주의라도 괜찮다는 식이다. 하지만 FN을 파시스트로 규정하더라도 문제가 있기는 마찬가지다. 당의 평판은 훼손될지 모르겠다. 하지만 FN에 공감하는 사람들은 대체로 자신을 파시스트로 여기지 않기 때문에, 그런 사람들의 믿음, 즉 FN 운동이 엘리트에 의해 멸시당하는 정직한 사람들을 대변한다는 믿음은 더욱 강화될 소지가 있다.

학자가 분명한 견해를 밝히지 않으면 직무 유기라고 믿는 사람들은 분명 여기서 물러서지 않을 것이다. 과거 학자들은 파시즘의 확산이 그들과 상관없는 일이라며 학문의 중립성을 내세우지 않았던가? 물론 부정할 수 없는 사실이다. 그러나 파시즘에 대해 내가 이 책에서 제시한 접근법은 도덕적 책임의 방기를 의미하지 않는다. 내 주장의 핵심은, 학자들이 자신의 지식에 대해 과장된 주장을 하지 말아야 한다는 것과, 그러나 그들에게는 자유롭고 엄정한 학문 연구의 기반이 되는 원칙들을 수호할 의무가 있다는 것이다.

파시즘 시대의 많은 학자들은 스스로 '과학적' 방법을 통해 **도덕적** 정당성에 관한 특별한 지식을 획득했다고 믿었다. 당시 학자들이 타인의 의사에 반하여 타인의 삶에 개입할 수 있었던 것은 바로 그러한 확신 때문이었다. 민족의 이익을 위해 누가 죽고 누가 살아야 하는지의 문제를 의학이 해결했다는 믿음은 의사들을 홀로코스트에 가담하게 했다. 마찬가지로, 이탈리아 파시스트들은 민족국가의 발달이 과학적 사실이므로 그것의 보존이 국가 정책의 목표가 되어야 한다고 믿었다. 그러나 '민족성'이라는 것이 존재한다는 생각, 혹은 인종적 기원이 정치적 행동을 결정짓는다는 생각은, 사실 약간의 정밀 연구만으로도 금세 허물어지고 마는 편견일 뿐이다. 파시스트의 과학이라는 것은 편협한 사고를 법칙으로 격상시킨 것에 불과하다.

자만은 금물이지만, 대체로 오늘날의 학자들은 역사가 과학적인 법칙을 따른다고 가정하지 않으며, 과학적인 법칙에 대한 지식이 도덕적 기준을 제공한다는 가정은 더더욱 멀리한다. 그들은 자신과 동료의 가정에 체계적인 비판을 가하며, 늘 성공하는 것은 아니지만 그들의 작업에 작용한 무의식적인 편견을 드러내기 위해 노력한다. 올바른 연구 방법은, 파시스트라면 비판의 대상으로 삼지 않았을 것들도 회의적으로 다루기 때문에, 본질적으로 반파시스트적이다. 학문 탐구자는 자신의 통찰이 관점 의존적이며, 다른 관점들도 존재하며, 해답은 언제나 대체될 수 있다는 것을 받아들인다. 학문 연구에 필수적인 이러한 상호 비판은 오로지 민주적인 환경에서만 가능하다.

하지만 여전히 누군가는 이렇게 반박할 것이다. 학문 연구에 대한 그러한 견해가 '상아탑'의 무심함을 조장하고, 세상이 무너져내리는 동안에도 그와 동떨어진 지적인 문제에 매달리는 자기만족적인 태도를 정당화하지 않는가. 이에 대한 한 가지 대답은, 학자들은 여전히 학문 연구가 대변하는 가치들을 옹호하고 그 가치들을 민주주의의 중요한 일부분으로 장려할 수 있다는 것이다. 또한, 파시즘과 싸우는 데 가장 효과적이 수단이 무엇이었고 앞으로 그것과 싸우는 데 무엇이 도움이 될지를 알아낼 목적으로 파시즘을 연구하는 일은 충분히 정당하다. 하지만 파시즘의 역사만으로는 반파시즘의 전략을 세울 수 없으므로 신중을 기해야 한다. 파시즘의 모호하고 복잡한 성격으로 인해, 모든 상황에서 효과적인 어느 한 가지 대응 전략을 기대하기는 어렵다. 파시스트 단체에 대한 금지령은 효과적인 때도, 그렇지 않은 때도 있다. 인종주의적 선전 활동에 대한 기소가 '표현의 자유'를 행사하는(그러나 타인에게 피해를 주는 자유는 제한되어야 한다는 규칙을 어기는) 이들에 대한 억제책이 될지, 아니면 그들에 대한 동조를 불러일으킬지도 알 수 없는 일이다. 인종주의적인 유권자를 회유하려는 시도는 경우에 따라 파시즘에 대한 지지도를 떨어뜨리기도 했고, 파시즘을 정당화하기도 했다. 파시즘의 잠재적 지지자들에게는 분명 그들의 문제를 해결할 더 효과적이고 더 인간적인 대책이 제공되어야 한다. 그러나 이 대안이 무엇인지를 알려주는 법칙 같은 것은 없다.

파시즘의 문제를 비켜 갈 때, 우리는 오늘날의 극우에 면죄부를 안겨주는 것일까? 궁극적으로, 파시즘에 대한 반응은 과거에 일어난 일에 대한 학문적 평가나 범주화에 좌우되지 않는다. 극우와 파시즘 사이에는 분명 많은 유사성이 존재하지만, 극우를 파시스트로 규정함으로써 그것에 대항할 수 있는 것은 아니다. 그보다 우리는 현대 사회에서 극우가 내포한 위험에 주목해야 하며, 동시에 (민주적 규칙을 준수하는 단체들을 포함한) 비파시스트 운동 역시도 건전한 가치를 훼손할 수 있다는 인식을 분명히 해야 한다. 가치의 문제는 비단 학계뿐만 아니라 사회 전체가 답해야 할 문제다.

참고문헌

Arendt, Hannah, *The Origins of Totalitarianism* (Harcourt, Brace & Co., 1951). (한나 아렌트, 『전체주의의 기원』, 박미애·이진우 옮김, 한길사, 2006).

Bauerkämper, Arnd, 'Transnational Fascism: Cross-Border Relations Between Regimes and Movements in Europe, 1922–1939', *East Central Europe* 37, no. 2–3 (2010): 79–95.

Blinkhorn, Martin, *Fascism and the Right in Europe 1919-1945* (Longman, 2000).

Bosworth, R. J. B., *The Italian Dictatorship: Problems and Perspectives in the Interpretations of Mussolini and Fascism* (Arnold, 1998).

Bosworth, R. J. B., *Mussolini* (Arnold, 2002).

Bosworth, R. J. B. (ed.), *The Oxford Handbook of Fascism* (Oxford University Press, 2009).

Burleigh, Michael and Wolfgang Wippermann, *The Racial State, Germany 1933-1945* (Cambridge University Press, 1993).

Burleigh, Michael, *The Third Reich: A New History* (Macmillan, 2000).

Collovald, Annie, 'Le "national-populisme" ou le fascisme disparu. Les historiens du 《temps présent》 et la question du déloyalisme politique contemporain', in Michel Dobry (ed.), *Le mythe de l'allergie française au fascisme* (Albin Michel, 2003).

De Grand, Alexander, *Italian Fascism: Its Origins and Development* (University of Nebraska Press, 1982).

De Grazia, Victoria, *How Fascism Ruled Italian Women: Italy, 1922-1945*

(University of California Press, 1992).

Dobratz, Betty E. and Stephanie L. Shanks-Meile, '*White Power, White Pride*': *The White Separatist Movement in the United States* (Johns Hopkins University Press, 2000).

Dobry, Michel, 'On an Imaginary Fascism', in *France in the Era of Fascism: Essays on the French Authoritarian Right*, edited by Brian Jenkins (Berghahn Books, 2007), 129–150.

Durham, Martin, *The Christian Right, the Far Right and the Boundaries of American Conservatism* (Manchester University Press, 2000).

Eatwell, Roger, *Fascism: A History* (Vintage, 1996).

Eley, Geoff, *Nazism as Fascism* (Routledge, 2013).

Evans, Richard J., *The Coming of the Third Reich* (Allen Lane, 2003).

Evans, Richard J., *The Third Reich in Power, 1933-1939* (Penguin, 2012).

Fritzsche, Peter, *Germans into Nazis* (Harvard University Press, 1998).

Griffin, Roger, *The Nature of Fascism* (Pinter, 1991).

Griffin, Roger, *Modernism and Fascism: The Sense of a Beginning Under Mussolini and Hitler* (Palgrave, 2007).

Hancock, Eleanor, '"Only the Real, the True, the Masculine Held its Value": Ernst Röhm, Masculinity, and Male Homosexuality', in *Journal of the History of Sexuality*, 8:4 (1998), 616–641.

Iordachi, Constantin, *Comparative Fascist Studies: New Pespectives* (Routledge, 2010).

Laclau, Ernesto, 'Fascism and Ideology' and 'Toward a Theory of Populism', in *Politics and Ideology in Marxist Theory: Capitalism,*

Fascism, Populism (NLB, 1977).

Kershaw, Ian, *Hitler*, 2 vols (Allen Lane, 1998–2000). (이언 커쇼, 『히틀러』, 이희재 옮김, 교양인, 2010).

Koonz, Claudia, *Mothers in the Fatherland: Women, the Family, and Nazi Politics* (St Martin's Press, 1987).

Mosse, George L., *The Fascist Revolution: Towards a General Theory of Fascism* (Howard Fertig, 1999).

Passmore, Kevin (ed.), *Women, Gender and Fascism in Europe, 1919-1945* (Manchester University Press, 2002).

Paxton, Robert O., *The Anatomy of Fascism* (Penguin, 2004). (로버트 O. 팩스턴, 『파시즘』, 손명희·최희영 옮김, 교양인, 2005).

Payne, Stanley, *A History of Fascism 1919-1945* (University of Wisconsin Press, 1995).

Quine, Maria Sophia, *Population Politics in Twentieth-Century Europe* (Routledge, 1996).

Reichardt, Sven, *Faschistische Kampfbünde: Gewalt und Gemeinschaft im italienischen Squadrismus und in der deutschen SA* (Böhlau, 2002).

역자 후기

파시즘과 관련한 논쟁들은 대부분 그 중심에 파시즘이 과연 무엇이냐는 정의의 문제를 안고 있다. 과연 특정 체제나 운동을 파시즘적이라고 말할 수 있는가? 오늘날의 극우는 파시즘 운동인가? 이러이러한 정치인을 파시스트라고 부를 수 있는가? 따라서 아마도 파시즘에 관한 입문서에서 독자들이 기대하는 것 중 하나는, 파시즘의 판별에 기준이 될 만한, 그것의 주요 특징을 압축적으로 보여주는 명쾌한 정의일 것이다. 그러나 이 책의 저자 케빈 패스모어는 그 기대를 비켜 갔고, 그로 인해 이 작은 입문서는 몸집으로 가늠되지 않는 깊이를 얻었다.

아니, 사실 그는 파시즘의 핵심이나 잘 알려진 정의들을 간

단명료한 도표로 정리해주었고(표 1), 파시즘이 무엇인가에 대한 주요 학파의 이론들도 설명해주었다. 그러나 그는 거기서 그치지 않고, 이들 이론적 정의에 내포된 환원주의적 오류와 한계를 조목조목 지적한다(제1장). 파시즘은 몇 마디 말로 간단히 정리하기에는 너무나 복합적이고 모순적이다. 파시즘에 대한 빈약한 정의를 제공하는 쉬운 길 대신, 저자는 역사 속에 실재한 파시스트 운동가들이나 그들에게 저항했던 세력들이 실제로 파시즘을 어떻게 인식했고 관련 용어들을 어떻게 사용했는지를 섬세하게 조망하는 우직한 길을 택했다.

결과적으로 우리는 매우 다면적이고 다층적인 관점에서 파시즘 이전의 지적 풍토와 사회적 여건(제2장), 전간기 이탈리아와 독일에서 일어난 일들(제3장, 제4장), 여타 지역으로 파시즘이 확산된 경위(제5장), 그리고 극우 운동의 진화 과정(제6장)을 들여다볼 수 있다. 또한, 특별히 민족/인종(제7장), 여성/젠더(제8장), 계급(제9장)을 주제로, 파시즘과 현대 극우 운동의 면면을 상세하면서도 폭넓게 살펴볼 수 있다. 덕분에 우리는 파시즘에 대한 결코 단순하지 않은, 그러나 입체적인, 그래서 아마도 진실에 더 가까운 그림을 얻게 된다.

그 그림은 정의(定義)를 무기 삼아 휘두르기 바라는 이들이 기대하는 선명함과는 거리가 있다. 그러나 현대 사회에서 극우가 내포한 문제에 대항하기 위해 필요한 것은, 무기를 손에

쥔 자의 자신만만함이 아니라, 수수께끼를 받아든 자의 조심스러움인지도 모르겠다. 그리고 가장 중요한 전제 조건은, 우리에게 정말로 중요한 가치가 무엇인지, 우리의 사고에 깔린 편견과 선입견은 무엇인지에 대해 사회 전체가 끊임없이 함께 묻고 답해갈 수 있는 민주적이고 반성적인 환경일 것이다.

도판 목록

10. 여인 천하? 제국 지역사회 봉사국(Reich Community Service Agency)의 신입 회원을 의사가 검진하고 있다. 1940년 9월 6일. 239
© AKG London

11. 에스파냐의 한 노동자가 행진하는 팔랑헤 당원들을 향해 경례하고 있다. 1937년. 259
© Mary Evans Picture Library

12. 나치즘과 사유재산: 프랑크푸르트암마인의 유대인 상점이 아리안화되었다. 1938년경. 265
© AKG London

파시즘

FASCISM

1판 1쇄 발행 2016년 9월 19일
2판 1쇄 발행 2024년 4월 1일

지은이 케빈 패스모어
옮긴이 이지원
편집 최연희 이고호
모니터링 이희연
디자인 강혜림
저작권 박지영 형소진 최은진 서연주 오서영
마케팅 김선진 배희주
브랜딩 함유지 함근아 고보미 박민재 김희숙 박다솔 조다현 정승민 배진성
제작 강신은 김동욱 이순호
제작처 한영문화사(인쇄) 한영제책사(제본)

펴낸곳 (주)교유당 **펴낸이** 신정민
출판등록 2019년 5월 24일 제406-2019-000052호
주소 10881 경기도 파주시 회동길 210
전자우편 gyoyudang@munhak.com
문의전화 031) 955-8891(마케팅)
031) 955-2680(편집)
031) 955-8855(팩스)

페이스북 @gyoyubooks
트위터 @gyoyu_books **인스타그램** @gyoyu_books

ISBN 979-11-93710-20-3 03900

- 교유서가는 (주)교유당의 인문 브랜드입니다.